신발굴 재조일본인 아동용 교과서

심상소학교 보충교본

김광식·이시준 편역

제이앤씨
Publishing Company

역자 서문

　필자들은 근대초기 일본인들이 간행한 조선 설화집을 본격적으로 연구하고 2012년 이후, 신발굴 자료 우스다 잔운薄田斬雲의 『암흑의 조선暗黑なる朝鮮』(1908), 다카하시 도루高橋亨의 『조선이야기집과 속담朝鮮の物語集附俚諺』, 조선총독부 학무국 보고서 『전설동화 조사사항』(1913)을 비롯해, 다지마 야스히데田島泰秀의 『온돌야화』, 야마사키 겐타로山崎源太郎의 『조선의 기담과 전설』, 미와 다마키三輪環의 『전설의 조선』 등 주요 설화집 13권을 발간해 왔다. 당시만 해도 우리 학계에서는 이 분야에 대해 기초 지식이 전무한 상태였다. 특히, 한정된 자료를 대상으로 한 선행연구를 극복하기 위해 다카기 도시오高木敏雄, 나카무라 료헤이中村亮平, 다나카 우메키치田中梅吉 등의 조선동화집에 대한 자세한 해제를 덧붙여 영인해 학계에 비상한 관심을 모았고, 이 분야의 중요성을 재인식 시키고 실증적 연구의 토대를 마련했다고 자부한다.

　앞으로 지금까지 발간한 원서를 번역하고, 그 수용·영향·반발 관계를 명확히 하여 당대 조선인의 설화집 및 연구 작업과 엄밀히 비교·대조해 나간다면, 근대 설화 연구는 물론이고 구비문학 연구에 대한 새로운 조명이 가능해질 것이다. 일본인 연구의 수용·영향·반발을 명확히 하기

3

위해서는 우선 조선총독부 학무국이 발간한 보고서, 교과서, 참고서에 대한 실증적인 연구가 불가결하다. 필자들이 발간한 조선총독부 학무국 보고서『전설동화 조사사항』(1913)이야말로 이를 해명하는 데 있어 가장 주요한 자료임을 거듭 강조해 두고자 한다. 총독부는 이 1913년 보고서를 바탕으로, 1920년 이후에 아동교육 활용에 조선설화를 적극적으로 이용하였다. 이에 대한 실증적 선행 연구가 전무한 상황이다. 본서는 이러한 상황을 극복할 수 있는 1급 자료라 사료된다. 필자들은 지금까지 1920년 이후, 조선총독부의 조선동화집이 어떻게 개작되어 간행되었고, 총독부편찬 교과서에 어떠한 의도에서 조선동화가 수록·확산되었으며, 일본인 아동의 보충교재에까지 조선설화가 다수 개작되는 의도와 성격을 이해하는 단서를 포착할 수 있었다. 필자들이 지금까지 제이앤씨 출판사의 각별한 배려로 간행해 온 〈식민지시기 일본어 조선설화집 자료총서〉 13권에 이어, 그 부록으로 본서를 번역·영인하여 해제와 번역본을 읽고 그 내용을 바로 파악할 수 있도록 했다. 본서의 내용에 대해서는 해제을 참고하기 바란다.

제이앤씨 출판사는 조선총독부 국어, 조선어 등 주요 자료집과 연구서를 다수 간행해 왔다. 이를 통해 자료의 접근이 용이해져, 최근 조선총독부 교과서에 대한 연구가 본격적으로 행해지고 있다. 그 대부분이 총독부교과서 및 취의서를 중심으로 연구되고 있고, 최근에는 일본문부성 교과서 및 대만총독부 교과서와의 비교연구가 시도되고 있다.

앞으로의 연구 방향은 여기에 조선총독부가 발간한 일본인 아동용 교과서도 함께 고찰하여 조선총독부가 조선인과 재조일본인, 내지일본인과 재조일본인을 어떻게 차별화해 교과서를 발간했으며, 이를 통해 추출

되는 의도와 성격은 무엇인지 더욱 명확하게 밝히는 것이다.

본서를 계기로 조선인, 재조일본인, 내지일본인 교과서에 대한 공통점과 차이점을 명확히 하고, 제국일본과 식민지조선의 실상을 명확히 하는 데 다소나마 도움이 되길 바라 마지않으며 역자 후기를 가름하고자 한다.

2016년 1월 편저자 일동

해 제

재조일본인 아동을 위한 향토교재
『심상소학교 보충교본』

1. 서론

최근 조선총독부(이하 총독부) 편찬 교과서에 관한 연구가 계속되고 있다.[1] 그 대부분이 조선인 아동용 보통학교 교과서에 관한 연구로, 국어(일본어, 이하 국어)독본, 조선어독본, 국사, 수신서에 관한 연구가 계속되고 있다. 총독부가 편찬한 개별 교과서에 대한 심도 있는 연구는 매우 중요한 과제임을 부인할 수 없다. 하지만, 지금까지의 연구는 교과서 집필자에 대한 시점이 부족하였다. 앞으로는 교과서 집필자를 염두에 두고, 그 구체적인 실상에 대한 고찰이 요구된다.[2]

---

1 강진호(2010), 『'조선어독본'과 국어문화』, 제이앤씨; 渡部宗助他(2009), 『日本植民地·占領地の敎科書に関する總合的比較研究』, 宮城學院女子大學; 김순전 외(2012), 『일제강점기 일본어교과서 국어독본을 통해 본 식민지조선 만들기』, 제이앤씨 등을 참고.
2 총독부 학무국 편집과 직원과 교과서 집필 관련자(국어, 조선어, 국사 중심)에 대해서는 김광식(2012), 「조선총독부 편찬 일본어교과서 『국어독본』의 조선 설화 수록 과정 고찰」, 『淵民學志』 18집을 참고.

최근의 연구가 보통학교 교과서를 중심으로 이루어지다 보니, 재조일본인 아동들이 사용한 교과서에 대한 성과는 전무한 실정이다. 총독부가 편찬한 교과서의 전체상을 파악하기 위해서는 조선인과 재조일본인 교과서를 총체적으로 파악할 때 비로소 총독부의 의도가 보다 구체적으로 조명될 수 있다고 판단된다. 이에 본고에서는 필자들이 새롭게 발굴한 『심상소학교 보충교본尋常小學校補充敎本』(전3권, 이하『보충교본』)의 내용을 고찰하고, 그 성격을 검토하고자 한다.

필자들이『보충교본』에 주목하게 된 배경에는 교과서에 실린 조선관련 설화의 수록 및 근대설화의 변용과 깊은 관련성이 있다. 따라서『보충교본』편찬을 주도한 다치가라 노리토시立柄敎俊(1866~?) 편수관을 중심으로 학무국 편집과 중심인물의 교과서관을 개관하고, 조선 설화가 실리게 된 배경을 실제 교과서인『보충교본』의 내용과 성격을 통해, 제기하고자 한다.

2. 학무국 편집과장과 편수관 다치가라 노리토시

선행연구에서는 조선을 식민지화한 직후인 1910년 10월에 설치된 이래 줄곧 14년간 편집과장을 역임한 오다 쇼고小田省吾(1871~1953)[3]와 최초의 편수관 다치가라의 교과서 집필자로서의 인물상에 대해서는 연구가 거의 이루어지지 않았다. 특히 1910년대 총독부 교과서의 총체적인 의도와 전개과정을 살피기 위해서는 우선 이 두 인물에 대한 연구가 급

---

3 오다 편집과장의 조선 설화 인식에 대해서는 김광식(2012), 위의 논문을 참고.

선무라고 판단된다. 본 장에서는 이들의 교과서관에 대해 설화적 측면을 중심으로 검토하고자 한다.

제1기 국어독본과 수신서는 다치가라의 주도로, 제1, 2기 조선어독본 및 한문독본은 오구라 신페小倉進平(1882~1944)의 주도로 편찬되었다. 오다 편집과장은 다음처럼 진술하였다.

> (한국을) 합병 후, 초대 편수관 다치가라 노리토시立柄教俊 씨는 내지의 교육 방면에 깊은 경험과 조예를 지닌 인물로, 이들과 함께 연구한 결과, 조선의 국어 교습방법은 종래의 번역주의를 따르지 않고, 직설법直說法에 따라 물품物品·동작·기타를 아동에게 직감시키도록 하여 국어를 습득시킬 방침을 채택하고, (중략) 국어에 익숙하지 않은 완전히 친숙함이 없는 이들에게 국어 교습을 가능한 한 원만하게, 가능한 한 간이하게, 가능한 한 신속하게 보급하려는 취지로, 이 편찬방식은 다치가라 편수관이 주가 되어 매우 진력하였고 이러한 주의主義, 방법으로 작성된 것이 바로 제1기 국어독본이다 (중략) 우리는 일본과 조선과의 관계는 매우 이(독일)들 나라와의 관계와 달리, 조선인은 기뻐하며 스스로 국어를 배우고 있으므로, 국어를 강요할 게 아니라, 기뻐하며 즐겁게 배울 수 있도록 하지 않으면 안 된다. 흥미를 지니도록 교수법을 개선하고, 교과서 편성을 개선해야 한다는 확신을 지니고 있었다.[4]

이처럼 오다는 다치가라를 높이 평가하고, 국어를 모어로 하지 않는 조선인 아동에게 국어를 강요할게 아니라, "기뻐하며 즐겁게 배울 수 있도록" 해야 한다고 역설하였다. 이러한 사고방식은 다치가라와 완전히 일치된다는 점에서 주의를 요한다. 다치가라는 다음처럼 주장하였다.

---

4 小田省吾(1935), 「合併前後の教科書編纂に就て」, 『朝鮮及満洲』 235호, p.40.

국어 보급을 협박적으로 엄히 행하는 행위는 여차하면 반항을 초래하기 쉽다. (중략) 이異민족이 국민으로 국어의 필요성을 깨닫고 스스로 나아가 이를 배우도록 향하게 하는 것이 국어정책의 가장 좋은 방향이다. 우리 새 영토(식민지)에서 국어는 매우 순조롭게 진행되고 있다. 필시 다른 나라 식민지 등에는 유례가 적을 것이다.[5]

다치가라는 자신이 관여한 총독부 국어보급 사업의 성과를 크게 자찬하며, 오다 과장과 동일한 교육관을 피로하고 있다. 이처럼 초기 총독부 교과서를 주도한 중심인물들이 공통적으로 국어교육을 일방적으로 강요할 것만이 아니라, 재미있게 배울 수 있도록 해야 함을 강조했다는 점은 매우 중요하다. 즉 이들이 조선 설화를 수록하게 된 배경 중 하나의 원인은 바로 흥미를 지니고 배울 수 있는 교재 작성의 일환이었음을 추측할 수 있게 한다.

1910년 8월 한국병합 후, 학무국 편집과 교과서 담당자는 통감부 통치기 보호기 교과서의 자구를 긴급 수정해 정정본을 간행하였다. 1911년 초에 『訂正普通學校學徒用 國語読本』(전8권)을 비롯해, 『조선어독본』(전8권), 『한문독본』(전4권), 『수신서』(전4권) 등을 편찬했다.

편집과는 1911년 초 정정본을 배포 후, 동년 12월에 『普通學校 國語 補充敎材』를 편찬했다. 국어보충교재는 당시 4년제였던 보통학교 4학년생이 권8을 읽은 후에 사용할 수 있도록 18과로 구성되었다. 「제1과 대일본제국」, 「제2과 메이지 천황」으로 시작되어 식민지화로 조선인이 '대일본제국의 신민'이 되었음을 교육시킬 이데올로기 목적으로 편찬되

5 立柄教俊(1919), 「國民性統一と民族同化」, 読書會編, 『中島教授在職 二十五年 記念 論文集』, 目黒書店, p.165.

었다. 1911년의 국어 정정본과 보충교재에는 조선 설화가 수록되지 않았다. 조선 설화가 수록되는 것은 1912년부터 간행된 제1기 교과서 이후로, 오다 과장과 다치가라 편수관의 의도와 설화가 일정한 관련이 있음을 시사한다 하겠다.[6]

다치가라는 1866년 니가타 현 미나미우오누마 군新潟県南魚沼郡에서 태어났다. 1882년에 니가타 사범학교 졸업 후, 상경하여 영어·독일어를 배우고, 윤리교육 역사 등의 교육자 면허를 취득하여, 일시 귀향하여 교직생활 후 다시 1900년에 상경하여 동경사범학교 교사, 이듬해 동양대학 강사를 거쳐 조선에 건너 왔다. 『朝鮮總督府官報』에 따르면 다치가라는 1911년 3월에 관립한성사범학교 교수로 부임하여, 5월 16일에 총독부 편수관이 되었다. 퇴임은 1922년 3월 15일이므로 만 11년간 조선에 체류하며 초기 국어 및 수신 교육을 총괄했다.[7]

다치가라는 산이쿠샤三育舎에서 『ヂーステルウェッヒ 教育要義』(1899)와 라인 외『ヘルバルト・チルレル派教授學』(1900)을 일본어 번역하고, 긴코도金港堂에서 오세 진타로大瀬甚太郎(1865~1944)와의 공저『心理學教科書』(1902, 1903년 정정재판),『教授法教科書』(1903, 1911년 11판),『論理學教科書』(1904, 1911년 수정4판) 등을 간행했다. 또한 메구로쇼텐目黒書店에서 『小學校令準拠 實用教授法』(1901, 1925년 수정21판),『國定修身書 教授詳案』고등과 제1, 제2학년용(1904),『國定修身

---

6 김광식(2012), 앞의 논문을 참고.
7 朝鮮總督府(1911),『朝鮮總督府官報』162, 216호; 朝鮮總督府(1910~1943),『朝鮮總督府及所属官署 職員録』(복각판 전33권, 2009, ゆまに書房); 朝鮮公論社編(1917),『在朝鮮內地人紳士名鑑』; 朝鮮中央経済會編(1921),『京城市民名鑑』; 아시아역사자료 센터 http://www.jacar.go.jp/DAS/meta/MetaOutServlet 등을 참고. 다치가라에 대해서는 金広植(2013),「朝鮮総督府学務局編修官立柄教俊と朝鮮説話」, 石井正己編,『帝国日本の昔話・教育・教科書』, 東京学芸大学을 참고.

書 教授法』(1904), 『參考綱目體西洋歷史』(1907), 『國家教育原理 實用
教育學』(1910, 1924년 수정5판)을, 동양대학출판부에서 강의록 『敎育史』
(1908) 등을 다수 간행하였고, 그중 많은 책이 증쇄를 거듭하였다.

이처럼 다치가라의 저술 분야는 교수법, 수신서, 교육학(사), 서양역
사, 윤리학, 심리학 등 다분야에 걸쳐 있지만, 국어 전문가는 아니었다.
그러나 교육학 관련 업적이 인정받아, 식민지 교과서 편찬에 적합 판정
을 받은 것으로 판단된다.

3. 재조일본인용 『尋常小學校 補充敎本』 편찬

전술한 바와 같이, 선행연구에서는 보통학교 교과서만을 다루었고, 내
지의 문부성 교과서와 비교연구 진행되고 있지만, 재조일본인 아동 교과
서에 대해서는 무관심했다. 문제는 총독부 교과서 편찬 의도 및 편찬과
정을 명확히 하기 위해서는 조선인과 재조일본인 편찬 과정을 총체적으
로 규명할 필요가 있다고 사료된다.

1904년 문부성이 국정교과서를 편찬한 이후, 재조일본인은 문부성교
과서를 사용했다. 선행연구에서는 제3차 교육령(1938년 시행)으로 보통
학교가 소학교로 변경되고 '내선공학' 방침 하에, 재조일본인과 조선인
교과서가 통일되었다고 주장하는 경우가 있다. 그러나 1935년부터 교과
용도서조사위원회 위원을 거쳐, 1937년 6월 편집과에 부임하여 패전까
지 총독부 역사 교과서 편찬을 주도한 나카무라 히데타카中村栄孝
(1902~1984)의 지적대로, 1938년 "급히 교육령 개혁이 단행되었기 때문
에, 다른 과목과 마찬가지로, 잠정적으로 종래의 것을 답습"하였다.[8]

1939년부터 내지와 조선의 교과서가 순차적으로 통일되었지만, 국어, 수신서, 국사 등 조선의 특수성을 반영한 과목은 통일되지 않고, 조선 내부에서만 통일되었다. 즉 재조일본인 아동과 조선인 아동이 동일 교재를 사용하게 되는 시기는 1939년 이후다.[9]

이처럼 총독부는 1938년까지 문부성 교과서를 사용하는 재조일본인 아동을 위해, 1920년에 보충교재를 편찬하였다. 보통학교 국어교과서 제1기(1912~1915)에서 제2기(1921~1924) 편찬의 중간인 공백기에 이들 보충교재가 집중적으로 편찬된 것에도 유의해야 할 것이다. 실제 교과서 확인 작업에 의하면, 이 시기의 보충교재 및 참고서는 다음과 같은 교과서가 편찬되었다.

總督府, 『尋常小學 農業書』卷1(5年生用), 卷2(6年生用), 1917.
朝鮮教育研究會, 『尋常小學 日本歷史補充教材 兒童用』 卷1, 1920.
朝鮮教育研究會, 『尋常小學 日本歷史補充教材 兒童用』 卷2, 1921.
朝鮮教育研究會, 『尋常小學 日本歷史補充教材 教授參考書』 卷1, 1920.
總督府, 『尋常小學 國史補充教材 教授參考書』 卷2, 1922.
總督府, 『尋常小學 國史補充教材 兒童用』 卷1, 1920. 12(정정재판 1922).
總督府, 『尋常小學 國史補充教材 兒童用』 卷2, 1921. 3(정정재판 1922).
總督府, 『尋常小學 地理書補充教材 兒童用』, 1920.
總督府, 『尋常小學 地理書補充教材 教授參考書』, 1920.
總督府, 『尋常小學校 補充教本』 卷1, 1920. 10(1학년용, 수신, 국어, 산술).
總督府, 『尋常小學校 補充教本』 卷2, 1920. 10(2학년용, 수신, 국어, 산술).

8 中村栄孝(1938), 「時局下に於ける朝鮮の歴史教育」, 『歴史教育』 13卷 7号, 歴史教育研究
   会.
9 상세한 내용은 다음 논문을 참고. 장신(2006), 「조선총독부 학무국 편집과와 교과서
   편찬」, 『역사문제연구』 16.

總督府, 『尋常小學校 補充敎本』 卷3, 1921. 11(3학년용, 수신, 국어, 산술).

농업서·국사(일본역사)·지리서는 독립적으로, 수신·국어·산술은 통합 편찬되었다. 국사는 조선교육연구회편 『尋常小學 日本歷史補充敎材』와 총독부편 『尋常小學 國史補充敎材』는 동일한 내용이다. 장신의 지적대로 조선교육연구회 저작권을 총독부가 그대로 승계했다고 판단된다.10

농업서는 당시 내지 문부성 편찬 소학교용 교과서가 없어, 조선총독부에서 편찬된 것이다. 보통학교가 4년제에서 6년제로 개편되면서 국사와 지리 보충교재는 주로 보통학교에 배포되었지만, 『보충교본』은 내지인에게만 배포되었다. 다치가라는 1913년 이전부터 재조일본인용 교과서 편찬을 계획했지만, 농업서 편찬 이후 1920년이 되어 겨우 실현된 셈이다.11

다치가라는 『보충교본』 편찬 배경을 다음처럼 언급하였다.

조선의 내지인 소학교 교과서는 전부 (문부성)국정교과서를 사용하고 있고, 특별히 필요할 경우 총독부에서 편찬한 것이 있을 때, 이것을 사용토록 하고 있다. (중략) 조선의 내지인 아동은 조선에 산다는 점에서 특별히 가르칠 필요가 있는 교재가 있는 것이다. 즉 그들은 일상에서 견문하는 조선 사물에 대해 아무런 교육이 없어 그 환경을 이해할 수 없었다. 또한 조선인과 어울리는데 내선융화 소양을 결여해서는 안 된다. 더불어 내지와 사정이 다른 조선에 사는 이상, 이에 필요한 소양이 필요하다. (중략) 조선에 사는 내지인을 위해서 알 필요가 있는 것이 매우 많다. 게다

10 장신(2006), 「해제」, 장신 편, 『조선총독부 교과서 총서』 1권, 청운, p.3.
11 立柄敎俊(1913), 「小学校教育法」, 『公立小学校教員講習会講演集』, 朝鮮総督府, p.65.

가 국정교과서로는 이렇게 요청되는 부분을 다루는 것은 전혀 불가능하다. 이러한 사정을 고려해, 조선총독부에서는 국정교과서를 보충하여 조선내 소학교 토지의 실정에 적절한 교육을 시행하는데 편의를 제공하고자 하는 희망으로, 보충교본 편찬 계획을 세워 이번에 이를 실현하게 되었다.

보충교본은 국정교과서와 연계해서 가르치는 구성으로 해, 각 교재를 국정교과서와 연계할 수 있도록, 그 부분을 지정하였다. 또 가능한 한 신新한자를 제출하지 않고 국정교과서에서 배우는 것을 이용해, 자습할 수 있도록 편의를 도모했다. 그리고 보충교본 교재로는 (1)조선에 관한 사항 (2)조선에 사는 내지인에게 특히 필요하다고 인정되는 사항 (3)일반 교육상 특히 유효하다고 인정되는 사항을 실었다. (중략) 오늘날 국정교과서 제도에 의해, 전국 소학교에서 통일된 교과서가 사용되고 있고, 홋카이도에서 오키나와는 물론, 가라후토(사할린), 조선, 대만에 이르기까지 동일 교재로 가르치고 있으니, 지방적 교재로 보충 필요가 요청되는 것이다. 마찬가지로 내지에서든 각 지방에서든 보충교재와 같은 것을 사용하는 것은 교육 효과를 올리는데 매우 편의가 있다고 생각된다. 조선의 소학교 보충교본은 이것이 최선最先의 시도다.[12]

위의 다치가라 논고가 발표된 것은 1921년으로 한국병합 이후, 11년째에 해당된다. 조선에서 태어난 재조일본인 아동에게 '향토교육'은 더이상 지체할 수 없는 긴급한 문제였다. 내지도 모르는 이들에게 최소한 이들이 살아가는 '향토' 조선을 이해시키고, 앞으로 조선인 지도를 솔선해야 할 교육을 목표로 '향토교재'가 편찬되었다는 점에서 유의할 필요가 있다.

---

12 立柄教俊(1921), 「尋常小学校補充教本 (朝鮮に於ける内地人学校用) に就て」, 『朝鮮教育』 64号, pp.6~8.

『보충교본』전 3권은 모두 국어, 수신, 산술로 구성되었다. 이하에서는 국어와 수신의 내용을 중심으로 그 성격을 고찰하고자 한다. 3권에 실린 단원은 아래와 같다.

수신 권1, 1과 신神을 공경해라
수신 권1, 2과 옷차림에 주의해라
수신 권1, 3과 타인에게 욕을 하지 마라
수신 권2, 1과 말투를 주의하자
수신 권2, 2과 친구와 사이좋게 지내자
수신 권2, 3과 이웃 사람과 친하게 지내자
수신 권3, 1과 서로 도움
수신 권3, 2과 시정始政 기념일
수신 권3, 3과 힘을 합치자

국어 권1, 1과 세탁
국어 권1, 2과 학교 놀이
국어 권1, 3과 온돌
국어 권1, 4과 얼음지치기
국어 권1, 5과 조선의 소와 말
국어 권2, 1과 연락선
국어 권2, 2과 까치
국어 권2, 3과 조선인의 옷
국어 권2, 4과 기미가요
국어 권2, 5과 지게꾼
국어 권2, 6과 말하는 남생이
국어 권2, 7과 말하는 남생이

국어 권3, 1과 나무 심기

국어 권3, 2과 스사노오노 미코토素戔嗚尊

국어 권3, 3과 알에서 태어난 왕

국어 권3, 4과 금강산

국어 권3, 5과 시장

국어 권3, 6과 하테비巴提便

국어 권3, 7과 나라의 대불과 은진의 미륵불

국어 권3, 8과 학

국어 권3, 9과 한자 연습

중요한 사실은 다치가라가 국어와 수신 교과서 편찬의 주도적 역할을 했다는 것이며, 『보충교본』 역시 다치가라가 주요한 역할을 했다고 판단되는데, 그 내용은 '내선융화'에 중점을 두면서도 조선에 대한 우월감, 조선에 대한 사명감을 재조일본인 아동에게 내면화시키고 있다는 점에서 신중한 검토가 요청된다.

4. 『尋常小學校 補充教本』의 성격

『보충교본』의 성격을 정리하면 다음과 같다. 첫째로 1학년용 교재는 이데올로기가 적은데 비해, 2, 3학년용 교과서로 갈수록 이데올로기가 강화되고 있다. 먼저, 총독부 및 천황의 통치를 칭송하고 있다는 점이다. 이러한 내용은 재조일본인 아동에게 자긍심과 계속적인 조선 지배를 강화할 목적으로 작성되었다고 보인다.

천황의 은덕을 칭송한 「기미가요」(국어 권2, 4과) 단원과 총독부가 통치를 정식으로 개시한 1910년 10월 1일 「시정始政 기념일」(수신 권3, 2과) 단원은 다음처럼 매우 노골적이다.

> 조선은 원래 한국이라고 했습니다만, 메이지明治 43년(1910년) 8월 29일에 일본국과 합쳐졌습니다. 그리고 경성에 조선총독부가 창설되어 조선을 통치하게 되어, 10월 1일에 정치가 시작되었습니다. 그래서 이 날을 시정 기념일로 정한 것입니다.
>
> 조선은 해마다 개척되어 많은 학교가 생기고, 농업이나 공업, 상업이 점점 번창해져, 훌륭한 길이 생겨나고, 철도가 곳곳에 깔리게 되었습니다. 옛날과 비교하면, 모든 것이 매우 발전되었습니다.
>
> 조선에 살고 있는 모든 사람이 한 마음이 되어 시정 기념일을 경축하고, 조선이 더욱 발전되도록 노력하지 않으면 안 됩니다.[13]

이에 비해 「나무 심기」(국어 권3, 1과)는 조선의 벌거숭이산을 일본인의 지도로 산림이 윤택해짐을 선전하고 있다. 재조일본인들의 산림조성 사업으로 "앞으로 수십 년이 지나면 조선 전역에 많은 산림이 생겨나" 가뭄 피해나 홍수 피해가 줄고, 시정에 도움이 될 거라는 일본인 선생의 연설은 재조일본인 아동을 향한 자긍심과 조선을 이끌어나갈 사명감을 부여하기 위해 삽입된 것으로 보인다. 「학」(국어 권3, 8과) 단원은 얼핏 보면, 내지와 달리 학이 누비는 조선의 아름다움을 그린 것처럼 보이지만, 후반부는 총독부의 바른 지도로 학을 천연기념물로 지정해 보호하고 있음을 선전하며, 조선을 바른 길로 선도해야 함을 역설하고 있다.

---

13 조선총독부(1921), 『尋常小學校補充敎本』 권3, pp.5~6.

둘째로, 조선을 이끌어나갈 사명감은 일찍이 고대로부터 기원하고 있음을 전설을 통해 제시하고 있다. 「스사노오노 미코토」(국어 권3, 2)는 제국일본의 국정교과서와 보통학교용 교과서에 반복해서 실린 스사노오[14]를 다루고 있다. 오로치大蛇를 퇴치하는 스사노오를 영웅화시킨 이야기가 주로 실렸는데, 내지 문부성 교과서에는 스사노오가 조선 신라를 통치했다는 주장은 보이지 않는다. 이는 『일본서기日本書紀』(720) 서문에 기록된 일설을 바탕으로 하였지만, 그 근거가 빈약해 실증주의 사학에서는 비판받기도 했다. 중요한 사실은 제1기 보통학교 국어독본에는 스사노오가 조선을 통치한 적이 있다고 명기했다는 점이다. 더불어서 「알에서 태어난 왕」(국어 권3, 3)은 신라 4대왕 탈해왕을 소재로 한 것인데, 탈해를 일본인으로 명기한 점이 특히 문제가 된다. 스사노오와 탈해 설화는 보통학교 교과서 1기부터 4기까지 계속해서 실려 '내선융화' 교재로 활용되었다는 점에서 주의를 요한다. 스사노오가 조선을 통치했다는 기록과 탈해 일본인임을 명기한 시기는 무단통치기 1기와 중일전쟁 직전의 4기 교과서에 기록되어 있다는 점에서 시대적 추이와 관련하여 교과서 이데올로기의 변화를 살펴볼 수 있다.[15] 결국, 문부성 국정교과서에 실려 있지 않은 스사노오 조선통치 부분과 탈해 일본인설을 재조일본인에게 소개했음을 확인할 수 있다.

또한 천자님(천황)의 명으로 조선에 파견된 하테비가 아들의 원수 호랑이를 죽이고 그 가죽을 천황에게 헌상한다는 「하테비」(국어 권3, 6과) 설화도 그 후예인 재조일본인 아동을 위해 채택되었다고 판단된다. 「하

---

14 일본황실 조신祖神인 아마테라스 오미카미天照大神 여신(해의 신)의 남동생으로 전해지는 남신.
15 김광식(2012), 앞의 논문을 참고.

테비」는 제1기 보통학교 국어독본에도 실려 있는데, 이와 더불어, 보통학교 국어독본에는 신라 왕자가 천황에게 귀화하여 충성을 다한다는 「아메노히보코」 설화가 채택되었다. 천황에 충성하는 신민을 만들기 위해 총독부는 조선인에게 아메노히보코와 같은 역할을, 재조일본인에게 하테비와 같은 역할을 유도하려는 의도에서 교재를 선택했다고 할 수 있다.

『보충교본』에서는 조선의 도래인이 일본에 영향을 끼친 서술 등을 배제하고, 일본인 스사노오와 탈해가 조선을 통치했음을 강조함으로써, 재조일본인 아동에게 우월감을 심어주었다고 보인다. 이러한 우월감은 식민지 시기 서술에도 그대로 이어져, 일본인 아동은 어머니와 채소 과일 등을 가득 사지만, 같은 또래의 조선인 아동은 「지게꾼」(국어 권2, 5과)으로 열심히 일하는 것이 당연함을 은연중에 보여 주고 있다. 조선인 아동은 지게를 짊어지고 힘차게 걷지만, 일본인 아동은 이를 뒤쫓기가 어려웠다는 묘사는 식민지 조선 아동의 역경을 대변해 준다는 점에서 아이러니한 장면이기도 한다.

셋째로, 지게꾼으로 일하는 빈곤한 조선인 아동에 대한 단원은 이것뿐이고 나머지 단원에서 보이는 조선인 아동은 일본인과 사이좋게 지내는 '내선융화'의 표본으로 제시되고 있다는 점이다. 유의할 점은 일본인이 항상 우위에 선 구도로 전개된다는 점이다. 「친구와 사이좋게 지내자」(수신 권2, 2과)에서는 비가 내리는 날 다케오가 복동이와 함께 우산을 쓰게 해 주면서 사이좋게 지낸다는 내용이다.

그 후, 두 사람은 매우 사이가 좋아졌습니다. 학교에 가는 길에 만나게 되면, 항상 정중하게 인사를 합니다. 쉬는 날에는 다케오가 복동이 집에

놀러 가거나, 복동이가 다케오 집에 놀러 가거나 합니다.[16]

위의 인용처럼 재조일본인 아동에서 '내선융화'를 솔선하도록 고안된 단원으로 보인다. 다음으로 「이웃 사람과 친하게 지내자」(수신 권2, 3과)는 다케오-복동이 남자사이가 아닌, 오하루-옥희 여자 아이들의 '내선內鮮' 간의 우정을 그리고 있다. 옥희 아버지가 오하루 아버지에게 신세를 지고 있음을 감사드리는 부분에서 상하관계가 명확히 그려지고 있고, "옥희는 때때로 오하루에게 국어를 배우고, 오하루 또한 옥희에게 조선어를 배웁니다."라는 부분은 매우 기만적이다. 오하루와 옥희의 대화는 일본어로 이루어졌음이 분명하다. 때때로 국어를 배운 것이 아니라, '내선'인 사이의 일상회화 자체가 국어였음을 생각할 때, 매우 모순된 어법이라 하지 않을 수 없다.

넷째로, 곳곳에서 조선과 일본이 유사함을 강조하고 있다는 점이다. 스사노오와 탈해 설화처럼 노골적이지는 않지만, 조선과 일본이 유사함을 강조함으로써 식민지 상황을 긍정하고 있다. 「조선인의 옷」(국어 권2, 3과)은 일본의 하카마와 치마가 비슷하며, 하오리와 두루마기가 비슷하다고 주장하고 있다. 「시장」(국어 권3, 5과)에서는 옛날의 조선에는 상점이 없었다는 정체론을 기반으로 한 서술도 문제지만, 조선 시장과 같이 내지에서도 유사한 시장이 있었음을 강조하고 있다.

조선에서는 주요 지역에 대개 시장이 열립니다. 옛날에는 조선 시골에는 상점이 없었기에 물품을 시장에서 매매한 것입니다. 최근에는 상점이 점점 늘어났는데, 그래도 시장은 아직도 번화합니다. 내지에서도 옛날에

---

16 조선총독부(1920), 『尋常小學校補充敎本』 권2, pp.4~5.

는 시장이 곳곳에 있었습니다. 그래서 지금도 욧카이치四日市, 이쓰카이치五日市, 요카이치八日市라는 지명이 남아 있습니다.[17]

　위의 인용처럼, 식민지화 이후, 조선의 발전을 들어내며 내지와의 유사성을 강조하고 있다. 「나라奈良의 대불과 은진恩津의 미륵불」(국어 권3, 7)도 일본인 아동이 조선인 아동을 가르치는 입장에서 전개되는 대화형 문장인데, 나라의 동대사東大寺 대불과, 은진의 관촉사 미륵불을 비교하고 있다. 크기는 조선의 미륵불이 크지만, 미륵불이 화강암을 만들어진 석불상인데 비해, 나라의 대불은 금불상이고, "미륵불은 나라 대불보다는 이백년이나 늦게 만들어진 것"[18]을 강조하는 구절에서 우월감을 과시하고 있다.

5. 한일유사 설화와 '내선융화'

　계속해서 조선 민담 「말하는 남생이」(국어 권2, 6과·7과)를 고찰하고자 한다. 필자들은 2012년 1월에 1913년에 조선총독부가 수집한 『전설동화조사사항』(이하 1913년 보고서)을 발굴하여 이를 공개하였다. 위 1913년 보고서는 근대 초기의 방대한 설화 자료집으로 자료 그 자체만으로도 중요하지만, 총독부 교과서 편찬과 긴밀한 연관 관계가 있어 이에 대한 총체적 규명이 요청된다. 실제로 이시준·김광식은 1910년대에 학무국이 실시한 3차례의 민간조사 수집 상황을 개괄하고, 특히 1913년 보고서 내용을 고찰하여, 총독부가 편찬한 조선어독본에 실린 「혹부리

17　조선총독부(1921), 『尋常小學校補充敎本』 권3, pp.19~20.
18　위의 책, p.29.

영감」이 1913년 보고서 중 신녕군 자료를 바탕으로 작성되었을 가능성을 실증했다.[19]

　결론부터 언급하자면, 「혹부리 영감」과 같이 「말하는 남생이」 또한 처음부터 총독부는 이 두 설화를 교과서에 실을 목적으로 관련 자료를 요청했을 가능성이 농후하다는 점이다. 실제로, 1913년 보고서의 함경북도 보고 자료는 전설과 함께 동화 자료 목차를 아래와 같이 구체적으로 제시하고 있어 주목된다.

　　　전설동화 목차
　　　제일 전설(중략)
　　　제이 동화
　　　一 내지의 모모타로 등 옛이야기(御伽噺), 조선의 혹부리 영감, 말하는 남생이 등의 유형[20]

　위와 같이 총독부는 옛날이야기 중에서도 특히, 조선의 혹부리 영감과 말하는 남생이 등의 유형을 특정하여 수집을 요청했음을 확인할 수 있다.

　1913년 보고서 중 신녕군의 자료와 1920년 『보충교본』의 「말하는 남생이」 원문은 〈표1〉과 같다.

19　이시준·김광식(2012), 「1910년대 조선총독부 학무국 편집과가 실시한 조선 민간전승 조사 고찰 －1913년 보고집 『전설동화 조사사항』을 중심으로」, 『일본문화연구』 44집, 동아시아 일본학회.

20　조선총독부학무국, 이시준·장경남·김광식 편(2012), 『전설동화조사사항』, 제이앤씨, p.11. 자세한 목차는 위의 책과, 이시준·김광식(2012), 위의 논문을 참고.

〈표1〉 1913년 보고서와 1920년 『보충교본』의 「말하는 남생이」 텍스트 비교

1913년 보고서(이시준 외편, 228~231쪽)

해어귀解語龜

　부친 사망 후, 두 형제가 있어 형은 욕심이 많아 부친 유산을 모두 독차지하고 아우에게 아무것도 주지 않을 뿐 아니라 모친 아우 누이 유족은 모두 아우에게 보내고 자신은 처와 둘만 살았다. 아우는 열심히 일하고 낮에는 산에 밤에는 새끼줄을 꼬아 벌어도 가족이 많아 그날 입에 풀칠하기 어려웠다. 어느 날 여느 때처럼 산에 가 낙엽을 긁어모을 때 옆에 졸참나무 열매가 하나 떨어졌다. 그는 이를 주워서 우리 모친께 드리겠다며 혼잣말하자, 졸참나무 밑에 한 마리 남생이가 우리 모친께 드리겠다고 흉내냈다. 또 하나 주워서 누나에게 하고 말하자 남생이도 흉내 냈다. 아우에게 하고 말하자 일일이 흉내 냈다. 그는 재미있는 남생이다 주워서 마을사람에게 보이려 주머니에 넣어 돌아가 해어귀를 보시오 하고 큰소리로 외치자 많은 사람이 모이니 그의 말대로 일일이 흉내 냈다. 구경꾼은 신기한 것을 봤다며 금전 등을 주었다. 그는 기뻐하며 집으로 돌아갔다. 그의 욕심 많은 형은 이를 듣고 내게 그 남생이를 빌려 마을에 가 해어귀를 보시오 하여 사람이 모였지만, 남생이는 욕심 많은 형이 소리 높여 이것은 우리모친에게 하고 말해도 흉내 내기는커녕 머리를 틀어박고 자는 듯 했다. 사람들은 이 거짓말쟁이 놈 하고 때리고 차고 침을 뱉는 등 그는 기어서 집에 돌아갔다. 그는 미운 남생이 놈 하며 남생이를 돌로 쳐 죽였다. 아우는 소중한 남생이를 형이 돌려주지 않자 하루는 받으러 갔는데 형의 분노가 심해 손도 못쓰고 울며 남생이 시해를 모아 집 주위에 남생이 무덤을 만들어 제사 지냈다. 얼마 후 무덤 중앙에서 나무 한 그루가 빠른 기세로 성장해 하늘까지 닿을 듯 보였다. 그 후 밤낮으로 줄기를 통해 금은보화가 떨어졌다. 집에도 마당에도 샘물처럼 써도 안 줄고 바로 국내 제일의 장로가 되었다. 욕심 많은 형은 또 이를 보고 선망을 못 참고 하루는 아우에게 청해 나무 가지를 얻어 자기 마당가에 남생이 무덤에 소중히 꽂았다. 그 가지는 순식간에 성장했다. 기뻐서 내일쯤부터 보물비가 내린다며 처도 자식도 내려라 하며 삼일 밤낮으로 자지 않고 기다렸다. 나무는 하늘까지 닿을 듯 했고 높이 노란 것이 내렸다. 내리는 것은 색은 같지만 황금이 아닌 분뇨로 집도 마당도 덮었다. 가족은 울며 달아나 아우 집에 신세를 졌다.

6과 말하는 남생이

옛날 옛날, 욕심 많은 형과 마음씨 착한 아우가 있었습니다. 부친 사망 후, 형은 부친 재산을 모두 자신이 차지해 버리고, 아우에게는 아무것도 주지 않았습니다. 그리고 모친과 누나도 아우 집에 내보냈습니다. 아우는 가난해서 자신은 밥을 먹지 못할 때도 있지만, 모친이나 누나는 굶주리지 않도록 하였습니다. 어느 날 아우가 산에 가서 낙엽을 긁어모으고 있으려니, 밤이 하나 대굴대굴 떨어졌습니다.

"아, 밤이 떨어졌다. 어머니에게 선물로 주워드리자."

하고 주우려 하자, 작은 소리로

"어머니에게 선물로 주워드리자."

하는 소리가 들렸습니다.

"응, 누군가 흉내를 냈다. 누구, 누구지?" (중략)

"응, 또 떨어졌다. 이것은 누님에게 선물로"

하고 주우려 하자, 발밑의 남생이가 또

"누님에게 선물로"

하고 말했습니다.

"아, 좀 전에도 이 남생이가 말했구나. 진귀한 남생이다."

하고 말하며 남생이를 가지고 돌아왔습니다. 그리고 거리에 나가

"말하는 남생이, 말하는 남생이, 남생이가 말을 합니다."

하고 소리치며 걸었습니다.

이를 들은 거리 사람들이 많이 몰려 왔습니다. 그때, 아우가 큰 소리로

"어머니에게 주워드리자."

하고 말하자 남생이 또한 작은 소리로

"어머니에게 주워드리자."

하고 말했습니다. 아우가

"누님에게 선물로"

하고 말하자, 남생이 또한

"누님에게 선물로"

하고 말했습니다. 많은 사람들은

"이거 신기하다."

하고 말하며 아우에게 돈을 많이 주었습니다.

7과 말하는 남생이

형은 이를 알고, 자신도 돈벌이를 하려고 생각해 아우에게 남생이를 빌려 왔습니다. 그리고 그것을 거리에 들고 가서 아우처럼 (중략) 남생이에게 말을 시키려 했지만 남생이는 머리를 틀어박고 아무 말도 하지 않습니다.

보고 있던 사람들은 매우 화를 내며

"이 거짓말쟁이 놈"

하며 형을 마구 때렸습니다.

형은 겨우 도망쳐 집으로 돌아왔습니다만, 화를 내며 남생이를 죽여 버렸습니다.

아우는 매우 불쌍히 여겨 죽은 남생이를 자기 집 마당 가상에 묻고, 그 위에 무덤을 만들어, 아침저녁으로 꽃을 올려 주었습니다. 그러자 어느 날, 그 무덤 중앙에서 나무가 한 그루 자라났습니다. 이 나무가 곧장 크게 자라서 하늘까지 닿을 정도로 대목(大木)이 되었습니다. 그리고 그 가지에서 금화 은화가 밤낮으로 계속 내렸습니다.

형은 아우가 대단한 부자가 된 것이 부러워서, 아우에게 그 나무 가지를 하나 받아 와서 자기 집 마당에 꽂았습니다. (중략) 금화 은화 대신에 더러운 것이 떨어져 밤낮으로 그치지 않습니다. 결국 마당도 집도 덮어 버렸습니다.

형은 파랗게 질려서 아우 집으로 달아났습니다.

아우는 불쌍히 여겨 새로 집을 지어 형을 안락하게 살게 해 주었다고 합니다.

이것은 조선의 옛날이야기입니다.

여러분은 이와 비슷한 이야기를 알고 있죠.

전술한 오다와 다치가라의 주장처럼, 1910년 이후에 총독부가 직접 편찬된 조선인용 교과서에 조선 설화가 많이 수록된 이유 중 하나는 모어가 아닌 국어에 흥미를 지니도록 유도하기 위함이었다.[21] 저학년용 교재에 설화가 많이 수록된 것은 이를 입증해 준다. 이에 비해, 내지인 아동에게 조선 관련 설화를 수록한 이유는 흥미 조장과 더불어 '내선융화'적 측면을 딱딱한 테마가 아닌, 설화를 통해 전달하는 데 목적이 있었다고 판단된다. 『보충교본』의 마지막 구절 "이것은 조선의 옛날이야기입니다. 여러분은 이와 비슷한 이야기를 알고 있죠."[22]라는 표현이 일본과 비슷한 설화가 조선에도 존재함을 재조일본인 아동에게 확인시키기 위해 제공되었음을 분명히 보여 주고 있는 것이다. 총독부 교과서 담당자들은 교과서를 단순히 강압적으로 강요하는 방식보다는 설화라는 장르 등을 가미해, 흥미롭게 재미있는 읽을거리를 선택, 활용되었다는 점에서 교과서 이데올로기에 대한 다각적인 관점을 통한 연구가 요구된다.

　이와 함께 재조일본인 아동에게 조선의 '향토'를 이해시키기 위해 조선 고유의 설화를 읽힐 필요가 있다고 다치가라와 오다 등 편집과 직원들이 판단했다고 보인다. 실제로 다치가라는 설화를 조선의 '지리·역사·사회에 관한 사항' 속에 분류하였다.[23]

　정리하자면, 학무국은 처음부터 「말하는 남생이」의 조선 유형을 찾았고, 「혹부리 영감」과 같이 1913년 보고서 중, 신녕군 자료에서 채택하여 교과서에 수록했을 가능성을 시사한다. 문제는 이 자료가 다카하시 도루의 『조선 이야기집과 속담』(1910)[24]과 유사하다는 점이다. 강재철의 지

21　이시준·김광식(2012), 앞의 논문을 참고.
22　조선총독부(1920) 『尋常小學校補充敎本』 권2, p.39
23　立柄敎俊(1921), 앞의 논문, p.7

적대로, 신녕군은 전설 1화와 동화 12화를 보고했는데, 동화의 대부분이 다카하시 자료집과 유사하다.[25]

신녕군 보고는 「조사에 대한 부언調査ニツキ附言」이 첨부되어 있는데, "약 2개월에 걸쳐 혹은 생도에게 또는 촌로村老에게" 조사했지만 정리되지 않아, "일찍이 책에서 본 것, 이야기 들은 것을 제시해 이를 아는지 모르는지를 조사해 얻은 바이다"라고 보고했다. 일찍이 본적이 있는 책 중의 하나는 다카하시의 설화집이었을 것이며, 그 내용을 일러주고 얻은 자료라고 고백하고 있는 것이다. 아마도 학무국 편집과 직원 또한 다카하시의 설화집을 통해 「조선의 혹부리, 말하는 남생이 등의 유화」를 접하고, 이를 1913년에 특정해 요청했고, 보고하는 측(신녕군 등) 또한 다카하시의 설화집을 참고해 자료를 제출했다는 점에서 다카하시의 설화집은 후대에 큰 영향을 끼쳤다고 판단된다. 구비문학이 일단 기록되면, 그 기록이 내외적으로 공인되어 후대에 큰 영향을 미치게 되는 전범을 다카하시가 제공했다 여겨진다. 단지 〈표 1〉의 인용처럼 신녕군 보고는 다카하시의 설화집 영향을 받았음에도 불구하고 간결하게 설화의 요점을 잘 정리하고 있어, 『보충교본』은 신녕군 보고를 참고하여 교재화했음을 확인할 수 있다. 다카하시의 자료집에 후대의 자료집과의 영향에 대한 다각적이고 구체적인 검토가 요청된다.

---

24 다카하시에 자료집에 대해서는 다음 영인본과 해제를 참고. 高橋亨, 이시준·장경남·김광식 편(2012) 『조선 이야기집과 속담』, 제이앤씨.
25 강재철(2012) 「조선총독부의 1913년에 전국적으로 실시한 조선 설화 조사 자료의 발굴과 그에 따른 해제 및 설화학적 검토」, 『비교민속학』 48, 비교민속학회, p.285

6. 결론

지금까지 국어독본과 수신서를 편찬한 다치가라를 중심으로『보충교본』의 내용과 성격을 살펴보았다. 보통학교 교과서에 비해, 재조일본인을 상대로 편찬된『보충교본』은 조선인의 시선에서 비교적 자유로웠고, 이데올로기성이 더욱 강하게 나타남을 확인할 수 있었다.

중요한 사실은 학무국 편집과의 중심인물인 오다와 다치가라는 조선인이 흥미를 가지고 국어를 열심히 공부할 수 있는 교재 개발에 중점을 두었고, 이를 위해 설화의 스토리텔링의 중요성을 의도적으로 활용했다는 사실이다. 문제는 설화 중에서도 '내선융화' 설화를 의도적으로 취사선택, 보고시켜 이를 조선인 및 재조일본인 아동용으로 교재화함으로써, 식민지 지배에 활용, 정당화하고 있다는 점이다.

필자가 새롭게 발굴, 소개한 1913년 조선총독부 학무국 보고서와『보충교본』을 통해, 총독부의 설화수록 수집과 교과서 수록 과정이 보다 실증적이고 구체적으로 밝혀졌다. 1910년대 학무국의 반복된 설화채집 작업이 교과서의 활용과 밀접한 관련성을 맺으면서 전개되었음을 보여준다. 이에 대한 총체적인 검증은 앞으로의 과제다.

참고문헌

강재철(2012), 「조선총독부의 1913년에 전국적으로 실시한 조선 설화조사 자료의 발굴과 그에 따른 해제 및 설화학적 검토」, 『비교민속학』 48, 비교민속학회.

강진호(2010), 『'조선어독본'과 국어문화』, 제이앤씨.

김순전 외(2012), 『일제강점기 일본어교과서 국어독본을 통해 본 식민지조선 만들기』, 제이앤씨.

김광식(2012), 「조선총독부 편찬 일본어교과서 『국어독본』의 조선 설화 수록 과정 고찰」, 『淵民學志』 18집, 연민학회.

이시준·김광식(2012), 「1910년대 조선총독부 학무국 편집과가 실시한 조선 민간전승 조사 고찰－1913년 보고집 『전설동화 조사사항』을 중심으로」, 『일본문화연구』 44집, 동아시아일본학회.

장신 편(2006), 『조선총독부 교과서 총서』 1권, 청운.

조선총독부학무국, 이시준·장경남·김광식 편(2012), 『전설동화조사사항』, 제이앤씨.

高橋亨, 이시준·장경남·김광식 편(2012), 『조선 이야기집과 속담』, 제이앤씨.

金廣植(2010), 「近代における朝鮮説話集の刊行とその研究－田中梅吉の研究を手がかりにして－」, 徐禎完·増尾伸一郎編, 『植民地朝鮮と帝國日本』, 勉誠出版.

渡部宗助他(2009), 『日本植民地·占領地の教科書に関する總合的比較研究』, 宮城學院女子大學.

小田省吾(1935), 「合併前後の教科書編纂に就て」, 『朝鮮及満洲』 235.

立柄教俊君談(1912), 「朝鮮に於ける教科書編纂事業に就きて」, 『教育時論』 966.

立柄教俊(1913), 「小学校教育法」 『公立小学校教員講習会講演集』, 朝鮮総督府.

立柄教俊(1919), 「國民性統一と民族同化」, 読書會編, 『中島敎授在職 二十五年 記念 論文集』, 目黒書店.

立柄教俊(1921),「尋常小学校補充教本(朝鮮に於ける內地人学校用)に就て」,
　　　『朝鮮教育』64号.

朝鮮總督府(1911),『普通學校 國語補充教材』.

朝鮮總督府(1920~1921),『尋常小學校補充敎本』 전3권.

朝鮮總督府(1910~1943),『朝鮮總督府及所属官署 職員録』(복각판 전33권, 2009,
　　　ゆまに書房).

朝鮮公論社編(1917),『在朝鮮內地人 紳士名鑑』.

朝鮮中央経済會編(1921),『京城市民名鑑』.

中村栄孝(1940),「朝鮮に於ける国史教育」,『朝鮮』.

심상소학교
보충교본

권1

서 언

일, 본서는 심상소학교[1] 제1학년 후반기 보충 교과서로 편찬한 것이다.

이, 본서에는 조선에 관한 재료를 주로 채록했다. 단, 조선에 관련 없는 사항이라도, 교육상 특히 유효하다고 판단되는 것은 또한 이를 수록했다.

삼, 수신修身 보충교재는 이를 심상소학수신서 권1, 국어[2] 보충교재는 이를 심상소학국어독본 권2와 연계할 수 있도록 그 부분을 지정했다. 하지만 교수敎授 상황에 따라서는 편의에 따라 이를 변경할 수 있다.

사, 심상소학교 제1학년 생도를 위한 산술과 국정교과서가 없기에, 본서에서는 제1학년 산술과 교재 중, 중요한 것 약간을 들어, 생도의 연습, 복습 등의 편의로 도모했다. 교수 시에 적당히 이를 이용함이 요구된다.

오, 본서는 난해하다고 생각되는 점에 대해, 미리 설명을 부여하고, 가능한 한 생도가 이를 자습할 수 있도록 해야 할 것이다.

다이쇼 9년 3월[3]

조선총독부

---

1 역주, 심상소학교尋常小学校는 근대 일본의 근대적 초등교육기관으로, 메이지유신부터 1941년 국민학교령에 따라 국민학교로 변경되기 전까지 존재했던 명칭.

2 역주, 당시 국어는 일본어를 가리킨다.

3 역주, 大正9년은 1920년.

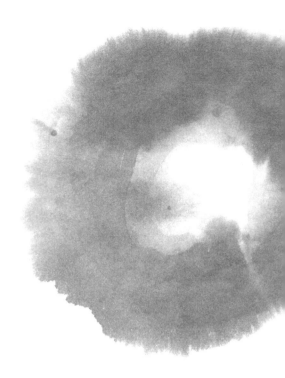

수신

목록

1 신神을 공경해라

이 아이는 매일 아침 가미다나[4]를 향해 정중하게 예禮를 드립니다.

또한 신사神社 앞을 지날 때는 항상 모자를 벗고 예를 드립니다.

마쓰리(축제) 날에는 아버지나 어머니 등과 함께 신을 참배하러 갑니다.

---

4 역주, 집안에 신위神位를 안치하고 제사 지내는 선반.

2 옷차림에 주의해라

　지금 생도 셋이 학교에 가는 중입니다. 둘은 기모노를 바르게 입고 보따리를 소중히 들고 있는데, 한 생도는 옷차림을 보시오. 옷깃을 잘 여미지 않았습니다. 허리띠도 잘 매지 않았습니다. 보따리 드는 방식도 좋지 않습니다.

　이래서는 부끄럽지 않습니까.

3 타인에게 욕을 하지 마라

지로가 집 앞에서 놀고 있는데, 길을 지나가는 사람에게 무언가 욕을
했습니다.

지로는 아직 다섯 살이므로 그 말이 욕인 줄을 모르는 것입니다.

다로는 이를 말리며

"지로 씨 그런 말을 해서는 안 돼요. 그것은 욕이에요. 착한 아이는
타인에게 욕 등을 하지 않아요."

하고 말하며 타일렀습니다.

심상소학교 보충교본 권1

국어

목록

1 세탁

하늘이 창창하게 맑고, 햇볕이 내리쬐고 있습니다. 언덕 위에는 새하얀 옷을 많이 말리고 있습니다. 옆의 하천에서는 많은 여자들이 세탁을 하고 있습니다. 빨간 옷을 입은 아이도 놀고 있습니다.

툭툭 옷을 두드리는 소리가 들립니다. 두드려서 잘 세탁한 옷은 언덕 위에 말리는 것입니다. 저녁이 되면 말린 옷을 머리에 이고, 집으로 돌아갑니다. 그리고 다듬이에 올려서 다시 두드립니다.

(발음 연습)

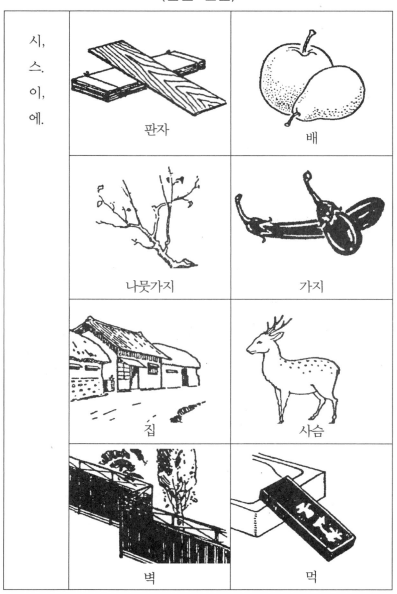

시,
스.
이,
에.

판자	배
나뭇가지	가지
집	사슴
벽	먹

2 학교 놀이

"여러분, 학교 놀이를 합시다."

"야마다 씨는 선생님입니다."

"우리들은 생도들입니다."

"요시다 씨, 어제는 무엇을 배웠습니까."

"오십음도[5]를 배웠습니다."

---

5 五十音図: 아이우에오로 시작되는 한국어 가나다라에 해당하는 일본어의 47개 기본 음절. 이, 우, 에 세 음절은 중복됨.

“그럼, 오십음도를 보지 말고 위에서부터 외워 보세요.”

“아·이·우·에·오. 가·기·구·게·고, 사·시·스·세·소, 다·치·쓰·데·도, 나·니·누·네·노.”

“좋아요. 그 다음 다나카 씨.”

“하·히·후·헤·호, 마·미·무·메·모, 야·이·유·에·요, 라·리·루·레·로, 와·이·우·에·오.”

“잘 외우고 있네요. 이번에는 옆으로 읽어 보세요, 하나코 씨.”

“아·가·사·타·나·하·마·야·라·와, 이·기·시·치·니·히·미·이·리·이, 우·구·스·쓰·누·후·무·유·루·우.”

“그래요. 다음 다케다 씨.”

“에·게·세·테·네·헤·메·에·레·에, 오·코·소·토·노·호·모·요·로·오.”

“잘 했어요. 벌써 시간이 다 됐으므로 이것으로 마칩시다.”

(발음 연습)

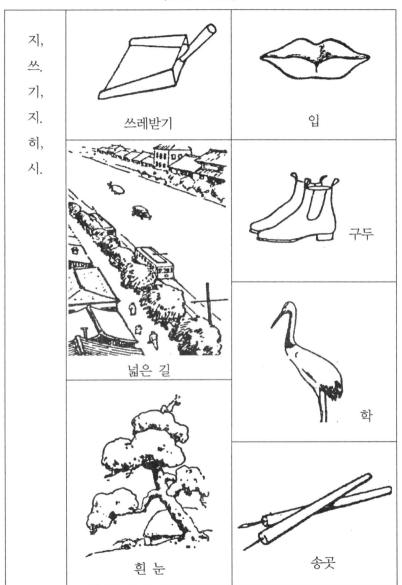

지,
쓰.
기,
지.
히,
시.

쓰레받기

입

넓은 길

구두

학

흰 눈

송곳

3 온돌

요즘은 매우 추워졌고, 매일 눈이 내립니다. 도모키치의 큰아버지는 어젯밤 처음으로 내지內地에서 조선에 왔습니다. 지금 도모키치와 온돌 방에서 이야기를 하고 있습니다.

"도모키치 온돌방에 있으니 마치 봄 같구나."

"온돌방에 있으면, 좀처럼 춥지 않습니다."

"방석도 매우 따뜻하구나."

"큰아버지가 앉아 계시는 곳은 아궁이 위입니다. 그곳이 가장 따뜻하므로, 손님 자리로 하는 것입니다."

"그렇구나. 아주 따뜻하구나."

"큰아버지, 내지에도 온돌이 있습니까?"

"내지에는 없다. 나도 이야기는 들었지만, 본 것은 이번이 처음이구나."

"큰아버지, 저는 온돌을 그다지 안 좋아합니다. 조금 따뜻해지면 다른 방에 가서 공부하거나, 밖에 나가서 놀거나 합니다."

"그거 좋은 일이구나. 아이들은 이런 곳에 눌러 앉아서는 좋지 않다. 도모키치, 온돌은 어느 집에나 있는 거냐."

"조선 사람 집에는 어디나 있습니다만, 내지 사람 집에는 없는 곳도 있습니다."

"온돌로 인해 화재가 일어나는 일은 없느냐."

"자주 있습니다. 우리 어머니는 '불 조심해야 한다. 온돌 아궁이에 솔 잎 같은 것을 두면 안 된다'고 항상 말씀하십니다."

4 얼음지치기

저도 어제부터 조금 얼음을 탈 수 있게 되었습니다. 오늘도 또 형이
돌아오시자, 함께 항상 가는 개천에서 얼음지치기 하러 갔습니다.

개천에는 온통 두꺼운 얼음이 생겨, 거울처럼 반짝반짝 빛나고 있었
습니다.

어른도 많이 와 있었습니다. 셔츠만 입고 타는 사람도 있었습니다. 직
진으로 가는 사람, 원으로 도는 사람, 모두 땀을 내며 타고 있었습니다.

손을 잡고 연습하는 사람도 있었습니다.

넘어지는 사람도 있었습니다만, 바로 일어나서 또 탔습니다.

저는 형 뒤에 붙어 탔습니다. 몇 번 넘어졌는지 모릅니다. 그래도 가끔씩 쭉쭉 나가게 되면 형이

"잘한다, 잘해, 어제보다 많이 늘었다."

하고 칭찬해 주었습니다.

5 조선의 소와 말

소가 솔잎을 짊어지고 갑니다. 많이 짊어지고 있어서, 작은 산이 움직이는 듯합니다.

저쪽에서 말이 사람을 태우고 옵니다.

방울 소리를 딸랑딸랑 내면서 힘차게 옵니다.

조선 소는 몸집이 크고, 힘이 매우 강합니다.

내지에는 이런 소는 적습니다.

조선 말은 몸집이 작아, 내지의 작은 말 정도 크기입니다. 하지만 제법 힘이 강해서 언덕길이라도 힘차게 걷습니다.

소는 무서운 얼굴을 하고 있지만 얌전합니다. 그러므로 저런 아이라도 끌고 갈 수 있는 것입니다.

말도 얌전합니다. 그러나 겁쟁이라서 자주 무언가에 놀랍니다.

산술

목록

I

〈숫자 쓰는 방법〉

(1) 다음 숫자를 바르게 쓰시오.

$$1 \quad 2 \quad 3 \quad 4 \quad 5 \quad 6 \quad 7 \quad 8 \quad 9$$

$$10$$

II

〈세는 방법과 쓰는 방법 연습〉

(1) 다음의 원을 세시오.

```
○○○○○   ○○○○○   ○○○○○   ○○○○○   ○○○○○
○○○○○   ○○○○○   ○○○○○   ○○○○○   ○○○○○
○        ○○        ○○○        ○○○○
```

(2) 다음의 숫자를 읽으시오.

10　11　12　13　14　15　16　17　18　19

(3) 다음의 원 수를 숫자로 쓰시오.

○○   ○○○   ○○○   ○○○   ○○○
○○   ○○○   ○○○○   ○○○   ○○○
○○○   ○○○   ○○○○   ○○○○   ○○○
○○○   ○○○   ○○○○   ○○○○   ○○○○
○○○   ○○○   ○○○○   ○○○○   ○○○○

(4) 다음 숫자만큼 원을 그리시오.

12   16   11   17   15   19

〈덧셈과 뺄셈 연습〉

(5) 다음 그림의 중앙에 있는 수에 주위의 수를 더하여, 답을 주위의
빈칸에 쓰시오.

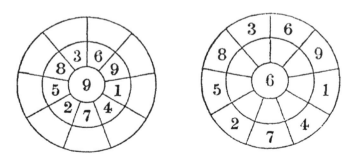

(6) 위의 수에 아래 수를 더하고, 답을 오른 쪽에 쓰시오.

1	5	7	8
1	1	1	1
9	9	9	9
2	2	2	2
8	8	8	8
3	3	3	3
7	7	7	7
4	4	4	4
6	6	6	6
5	5	5	5

(7) 수직으로 더하시오. 수평으로 더하시오. 대각선으로 더하시오.

4	3	8
9	5	1
2	7	6

(8) 중앙의 수에서 주위의 수를 빼시오.

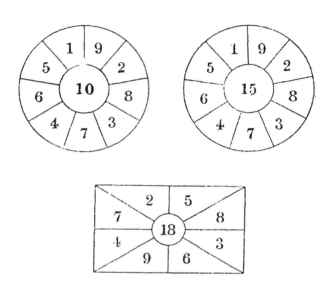

(9) 주위의 수에서 중앙의 수를 빼시오.

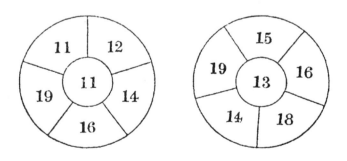

(10) 답을 바로 말할 수 있도록 다음 덧셈을 연습하시오.

1을 더하는 연습

1=1 더하면 △   2=1 더하면 △

3=1 더하면 △   4=1 더하면 △

5=1 더하면 △   6=1 더하면 △

7=1 더하면 △   8=1 더하면 △

9=1 더하면 △

2를 더하는 연습

1=2 더하면 △   2=2 더하면 △

3=2 더하면 △   4=2 더하면 △

5=2 더하면 △   6=2 더하면 △

7=2 더하면 △   8=2 더하면 △

9=2 더하면 △

3을 더하는 연습

1=3 더하면 △   2=3 더하면 △

3=3 더하면 △   4=3 더하면 △

5=3 더하면 △   6=3 더하면 △

7=3 더하면 △   8=3 더하면 △

9=3 더하면 △

4를 더하는 연습

1=4 더하면 △   2=4 더하면 △

3=4 더하면 △   4=4 더하면 △

5=4 더하면 △   6=4 더하면 △

7=4 더하면 △   8=4 더하면 △

9=4 더하면 △

5를 더하는 연습

1=5 더하면 △   2=5 더하면 △

3=5 더하면 △   4=5 더하면 △

5=5 더하면 △   6=5 더하면 △

7=5 더하면 △   8=5 더하면 △

9=5 더하면 △

6을 더하는 연습

1=6 더하면 △   2=6 더하면 △

3=6 더하면 △   4=6 더하면 △

5=6 더하면 △   6=6 더하면 △

7=6 더하면 △   8=6 더하면 △

9=6 더하면 △

7을 더하는 연습

1=7 더하면 △   2=7 더하면 △

3=7 더하면 △   4=7 더하면 △

5=7 더하면 △   6=7 더하면 △

7=7 더하면 △   8=7 더하면 △

9=7 더하면 △

8을 더하는 연습

1=8 더하면 △   2=8 더하면 △

3=8 더하면 △   4=8 더하면 △

5=8 더하면 △   6=8 더하면 △

7=8 더하면 △   8=8 더하면 △

9=8 더하면 △

9를 더하는 연습

1=9 더하면 △   2=9 더하면 △

3=9 더하면 △   4=9 더하면 △

5=9 더하면 △   6=9 더하면 △

7=9 더하면 △   8=9 더하면 △

9=9 더하면 △

(11) 답을 바로 말 할 수 있도록 다음 뺄셈을 연습하시오.

1을 빼는 연습

1에서 1을 빼면 △   2에서 1을 빼면 △

3에서 1을 빼면 △   4에서 1을 빼면 △

5에서 1을 빼면 △   6에서 1을 빼면 △

7에서 1을 빼면 △   8에서 1을 빼면 △

9에서 1을 빼면 △   10에서 1을 빼면 △

2를 빼는 연습

2에서 2를 빼면 △   3에서 2를 빼면 △

4에서 2를 빼면 △   5에서 2를 빼면 △

6에서 2를 빼면 △   7에서 2를 빼면 △

8에서 2를 빼면 △   9에서 2를 빼면 △

10에서 2를 빼면 △

3을 빼는 연습

3에서 3을 빼면 △   4에서 3을 빼면 △

5에서 3을 빼면 △   6에서 3을 빼면 △

7에서 3을 빼면 △   8에서 3을 빼면 △

9에서 3을 빼면 △   10에서 3을 빼면 △

4를 빼는 연습

4에서 4를 빼면 △   5에서 4를 빼면 △

6에서 4를 빼면 △   7에서 4를 빼면 △

8에서 4를 빼면 △   9에서 4를 빼면 △

10에서 4를 빼면 △

5를 빼는 연습

5에서 5를 빼면 △   6에서 5를 빼면 △

7에서 5를 빼면 △   8에서 5를 빼면 △

9에서 5를 빼면 △   10에서 5를 빼면 △

6을 빼는 연습

6에서 6을 빼면 △   7에서 6을 빼면 △

8에서 6을 빼면 △   9에서 6을 빼면 △

10에서 6을 빼면 △

7을 빼는 연습

7에서 7을 빼면 △   8에서 7을 빼면 △

9에서 7을 빼면 △   10에서 7을 빼면 △

8을 빼는 연습

8에서 8을 빼면 △   9에서 8을 빼면 △

10에서 8을 빼면 △

9를 빼는 연습

9에서 9를 빼면 △   10에서 9를 빼면 △

III

〈외는 방법과 쓰는 방법 연습〉

(1) 다음의 원을 세시오.

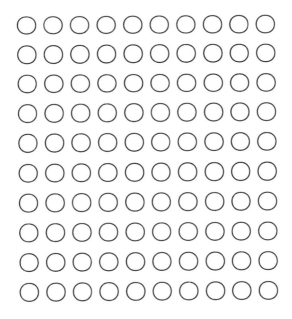

(2) 다음 숫자를 읽으시오.

10	20	30	40	50	60	70	80	90
11	21	31	41	51	61	71	81	91
12	22	32	42	52	62	72	82	92
13	23	33	43	53	63	73	83	93
14	24	34	44	54	64	74	84	94
15	25	35	45	55	65	75	85	95
16	26	36	46	56	66	76	86	96
17	27	37	47	57	67	77	87	97
18	28	38	48	58	68	78	88	98
19	29	39	49	59	69	79	89	99

100

(3) 다음 수를 숫자로 쓰시오.

二十　　　　　　五十二　　　　　　八十
三十五　　　　　六十　　　　　　　九十六
四十　　　　　　七十八　　　　　　百

다이쇼 9년(1920년) 10월 28일 인쇄
다이쇼 9년(1920년) 10월 30일 발행

정가 금7전

조 선 총 독 부

서무부 인쇄소 인쇄

심상소학교
보충교본

권2

서 언

일, 본서는 심상소학교 제2학년 후반기 보충 교과서로 편찬한 것이다.

이, 본서에는 조선에 관한 재료를 주로 채록했다. 단, 조선에 관련 없는 사항이라도, 교육상 특히 유효하다고 판단되는 것은 또한 이를 수록했다.

삼, 수신修身 보충교재는 이를 심상소학수신서 권2, 국어 보충교재는 이를 심상소학국어독본 권3, 4와 연계할 수 있도록 그 부분을 지정했다. 하지만 교수敎授 상황에 따라서는 편의에 따라 이를 변경할 수 있다.

사, 심상소학교 제2학년 생도를 위한 산술과 국정교과서가 없기에, 본서에서는 제2학년 산술과 교재 중, 중요한 것 약간을 들어, 생도의 연습, 복습 등의 편의로 도모했다. 교수 시에 적당히 이를 이용함이 요구된다.

오, 본서는 난해하다고 생각되는 점에 대해, 미리 설명을 부여하고, 가능한 한 생도가 이를 자습할 수 있도록 해야 할 것이다.

다이쇼 9년 3월

조선총독부

수신

목록

1 말투를 주의해라

　많은 아이들이 모여서 놀고 있었습니다. 그때, 한 아이가 다른 아이에게 무언가 좋지 않은 말을 했습니다. 그러자 그 아이도 대꾸했습니다. 그러다 결국 싸움이 날 것 같아서 모두가 계속해서 말렸습니다만 그치지 않습니다. 그래서 모두가 두 사람을 내버려 두고 다른 곳으로 갔습니다. 두 사람도 그만두고 뒤를 따라 갔습니다만, 이미 아무도 보이지 않았습니다.

2 친구와 사이좋게 지내라

복동이는 학교에서 돌아오는 길에 비가 내려서 매우 난처했습니다.
다케오는 복동이를 보고 자신의 종이우산을 같이 쓰게 했습니다.

그 후, 두 사람은 매우 사이가 좋아졌습니다. 학교에 가는 길에 만나게
되면, 항상 정중하게 인사를 합니다. 쉬는 날에는 다케오가 복동이 집에
놀러 가거나, 복동이가 다케오 집에 놀러 갑니다. 또 둘이서 다른 아이를
불러서 들판에 놀러 가기도 합니다.

3 이웃 사람과 친하게 지내라

오하루의 집은 옥희 집 옆입니다. 지금 옥희 아버지는 오하루 아버지에게 인사를 하고 있습니다. 옥희가 자주 오하루 집에 가서 신세를 지고 있어 예를 드리고 있는 것입니다.

옥희는 때때로 오하루에게 국어를 배우고, 오하루 또한 옥희에게 조선어를 배웁니다.

오하루 집이 바쁠 때는 옥희 집 가족이 도와줍니다.

오하루 아버지는 내지에 다녀왔을 때, 옥희에게 그림책을 선물로 사 주었습니다.

심상소학교 보충교본 권2

국어

목록

1 연락선

　마당의 벚꽃이 떨어질 무렵. 우리 가족은 모두 조선에 오게 되었습니다. 저와 미요는 밤에 아버지와 어머니를 따라 시모노세키에서 연락선을 탔습니다.

　시간이 다 되자 기선은 기적소리를 내면서 움직이기 시작했습니다. 파도가 고요해 기선은 조금도 흔들리지 않았습니다.

　"오늘 밤은 바다가 잠잠해서 다행이다."

　하며 모두가 기뻐했습니다.

　미요는 집인 양 여기저기를 기어 다녀서 모르는 아주머니가 달래 주었지만 어느새 어머니 옆에 와서 새근새근 잠들었습니다.

　나는 아버지와 함께 갑판에 올라가 보았습니다. 달이 고요히 넓은 바다 위를 비추고 있었습니다. 기선은 하얀 파도를 남기며 거침없이 나아갔습니다.

　아버지와 여러 가지 이야기를 하는 동안에 몸이 으스스해져서 객실로 내려와 잠들었습니다.

　기적 소리에 놀라서 눈을 떠보니, 둥근 창문으로 아침 햇볕이 내리쬐고 있었습니다.

　벌써 모두 내릴 채비를 하고 있습니다. 바로 앞에 부산 거리가 보였습니다. 부두에는 사람들이 많이 모여, 기선이 도착하는 것을 기다리고 있습니다. 기선은 부두에 정확히 도착했습니다.

"자, 내리자."

아버지를 따라 처음으로 조선 땅을 밟았습니다.

부산에서 기차를 타고 그날 밤 경성에 도착했습니다.

경성에서는 벚꽃이 피기 시작하고 있었습니다.

2 까치

저는 조선에 와서 처음으로 까치를 보았습니다. 처음에는 까마귀라고 생각했습니다만, 자세히 보니 달랐습니다. 까치는 까마귀처럼 검지만, 배 주위가 하얗고 날개에도 하얀 부분이 있습니다. 그리고 꼬리는 매우 깁니다.

최근에 신사神社 앞 커다란 나무에 둥지를 틀었습니다. 벌써 새끼가 생겨나, 둥지 안에서 울고 있습니다. 어미 새는 매일 먹이를 주워 와서 먹이고 있습니다.

고양이가 나무 밑에 오면, 어미 새는 바로 울면서 고양이를 향해 날아 갑니다. 그리고 고양이를 쪼는 경우도 있습니다. 새끼를 뺏기지 않겠다는 것이겠죠.

까치가 자주 우리 집 마당의 딸기나 배 등을 훔쳐 먹어, 애를 먹고 있습니다. 쫓으면 도망가지만 바로 또 옵니다.

3 조선인의 옷

　어머니가 지요코에게 예쁜 기모노 인형을 사 주셨습니다. 어느 날 그 인형을 들고 이웃 순녀 집에 놀러 갔습니다. 그리고 인형을 순녀에게 빌려 주고 함께 놀고 있었습니다.

　그러자 순녀 어머니도 나오셔서

　"정말 귀여운 인형이네요. 여러 가지 옷을 입고 있군요. 그 옷은 뭐라고 하나요?"

하고 말했습니다. 지요코는 이것이 겉옷, 이것이 속옷, 이것이 띠(오비)라고 하나하나 말했습니다. 그리고

　"저는 조선 사람의 옷 이름을 모릅니다. 아주머니가 입고 계시는 옷은 뭐라고 하나요?"

하고 물었습니다.

　"제가 입고 있는 옷은 이것이 저고리고, 이것이 치마이고, 치마 안에 입고 있는 것이 바지입니다."

　"치마는 우리들의 하카마[1]와 아주 비슷하네요."

---

1 하카마袴는 일본 옷 겉에 입는 하의下衣로, 바지처럼 가랑이진 것이 보통이지만, 치마 모양의 것도 있다.

그때, 순녀 아버지가 왔으므로 지요코는 또 물었습니다.

"아저씨가 위에 입고 계신 것은 하오리[2]인가요?"

"하오리와 비슷하지만, 하오리가 아닙니다. 두루마기라고 합니다."

"아저씨는 치마를 입고 계시지 않나요?"

"지요코 양, 남자는 치마를 입지 않습니다. 바지를 입을 뿐입니다."

"그렇군요. 아저씨 저고리는 아주머니 저고리와 다르네요."

"네, 다릅니다. 어디가 다른가요?"

"아주머니 것보다도 깁니다."

"그렇습니다. 여자 저고리는 짧고, 남자 저고리는 깁니다."

그 후, 지요코는 순녀와 재미있게 놀다가 집으로 돌아갔습니다.

---

2 하오리羽織는 일본 옷 위에 입는 짧은 겉옷.

4 기미가요

임의 치세는
  천대千代에 만대萬代에
    작은 조약돌이
큰 바위가 되어
  이끼가 낄 때까지

이것은 '기미가요'라는 천황폐하를 칭송하는 노래입니다.

이 노래의 의미는

"천황폐하는 천년만년 장수하시고, 매우 작은 돌이 점점 큰 바위가 되어, 그 바위에 이끼가 낄 때까지 오랫동안 나라를 통치하시길 기원하옵니다."

라는 것입니다.

내일은 학교에 덴초세쓰天長節[3] 행사가 있어 선생님은 저희들에게 '기미가요' 연습을 지도하셨습니다.

---

3 오늘날의 천황탄생일의 구칭.

5 지게꾼

일요일 아침, 저는 어머니를 따라 시장에 장을 보러 갔습니다. 어머니는 야채나 과일 등을 많이 사셨습니다. 저는 그것을 어머니와 둘이서 들고 돌아갈 생각이었습니다. 산 물건이 많아서 좀처럼 둘이서 들 수 없습니다. 그때, 아이 지게꾼이 와서

"지게 필요하십니까?"

하고 말했습니다.

어머니는

"마침 잘 됐어요. 이것을 부탁합니다."

하고 말씀하셨습니다.

그러자 아이는 기뻐하며 산 물건을 짊어지고 저희들 앞에 서서 힘차게 걷기 시작했습니다. 저는 뒤쳐지지 않도록 급히 걸었습니다. 집에 도착하자, 어머니는 돈을 꺼내 아이에게 주셨습니다.

6 말하는 남생이(1)

옛날 옛날, 욕심 많은 형과 마음씨 착한 아우가 있었습니다. 아버지가 돌아가시고, 형은 아버지의 재산을 모두 자기가 차지해 버리고, 아우에게는 아무것도 주지 않았습니다. 그리고 어머니와 누나도 아우 집으로 내보냈습니다. 아우는 가난해서 밥을 먹지 못할 때도 있었지만, 어머니와 누나는 굶주리지 않도록 하였습니다. 어느 날 아우가 산에 가서 낙엽을 긁어모으고 있는데 밤이 하나 대굴대굴 떨어졌습니다.

"아, 밤이 떨어졌다. 어머니께 선물로 주워 드리자."

하며 주우려 하자, 작은 소리로

"어머니께 선물로 주워 드리자."

하는 소리가 들렸습니다.

"누군가 흉내를 냈다. 누구냐, 누구지?"

하고 주위를 둘러보았습니다만, 아무도 없습니다. 밤나무 밑을 보니 작은 남생이가 있었습니다.

"이 남생이가 말했을지도 몰라."

그때, 또 하나 밤이 뚝 떨

어졌습니다.

"또 떨어졌다. 이것은 누님에게 선물로"

하고 말하고 주우려 하자, 발밑의 남생이가 또

"누님에게 선물로"

하고 말했습니다.

"아, 좀 전에도 이 남생이가 말했구나. 신기한 남생이다."

하며 남생이를 가지고 돌아왔습니다. 그리고 거리에 나가

"말하는 남생이, 말하는 남생이. 남생

이가 말을 하도록 하겠습니다."

하고 소리치며 걸었습니다.

이를 들은 거리에 있던 많은 사람들이 몰려 왔습니다. 그때, 아우가 큰 소리로

   "어머니께 주워 드리자."

하고 말하자 남생이 또한 작은 소리로

   "어머니께 주워 드리자."

하고 말했습니다. 아우가

   "누님에게 선물로"

하고 말하자, 남생이 또한

   "누님에게 선물로"

하고 말했습니다. 많은 사람들은

   "그거 신기하다."

하며 아우에게 돈을 많이 주었습니다.

7 말하는 남생이(2)

형은 이 이야기를 듣고, 자신도 돈벌이를 할 심산으로 아우에게 남생이를 빌려 왔습니다. 그리고 그것을 거리에 들고 가서 아우처럼

"말하는 남생이, 말하는 남생이. 남생이가 말을 하게 하겠습니다."

하고 소리치며 걸었습니다. 역시 사람들이 많이 몰려 왔습니다. 그때, 남생이에게 말을 시키려고 했지만 남생이는 머리를 틀어박고 아무 말도 하지 않습니다.

보고 있던 사람들은 매우 화를 내며

"이 거짓말쟁이 놈"

하며 형을 마구 때렸습니다.

형은 겨우 도망쳐 집으로 돌아왔습니다만, 화를 내며 남생이를 죽여 버렸습니다.

아우는 죽은 남생이를 매우 불쌍히 여겨 자기 집 마당 구석에 묻고, 그 위에 무덤을 만들어, 아침저녁으로 꽃을 올려 주었습니다. 그러자 어느 날, 그 무덤 중앙에서 나무가 한 그루 자라났습니다. 이 나무가 곧장 크게 자라서 하늘까지 닿을 정도로 대목大木이 되었습니다. 그리고 그 가지에서 금화 은

화가 밤낮으로 계속 내렸습니다.

형은 아우가 대단한 부자가 된 것이 부러워서, 아우에게 그 나무 가지를 하나 받아와서 자기 집 마당에 꽂았습니다.

그러자 그 나무도 순식간에 대목이 되었습니다. 형은 이 대목 밑에서

"자, 이제 곧 가지가 부러질 정도로 금화와 은화가 생길거야."

하며 바라보고 있자, 이거 참 큰일입니다. 금화 은화 대신에 더러운 것이 떨어져 밤낮으로 그치지 않습니다. 결국 마당도 집도 덮어 버렸습니다.

형은 파랗게 질려서 아우 집으로 날아났습니다.

아우는 안타까운 마음에 새집을 지어 형을 안락하게 살게 해 주었다고 합니다.

이것은 조선의 옛날이야기입니다.

여러분은 이와 비슷한 이야기를 알고 있죠.

심상소학교 보충교본 권2

산술

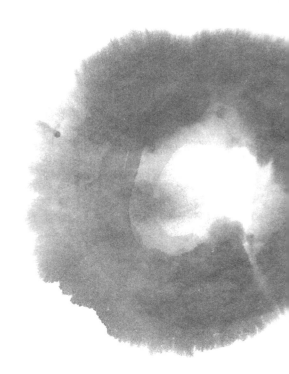

목록

I

〈외는 방법〉

(1) 다음 수는 어느 정도인가.

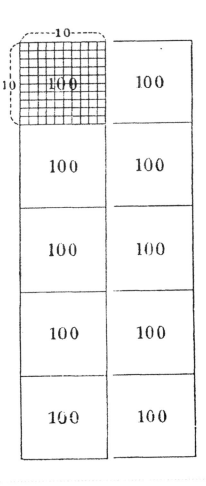

〈숫자 읽는 방법과 수 쓰는 방법〉

(2) 다음 숫자를 읽으시오.

100	102	111	199
200	207	213	298
300	305	324	396
400	410	432	499
700	730	800	875
900	905	975	1000

(3) 다음 수를 숫자로 쓰시오.

百三	百十二	二百九
二百十	三百九	三百四十八
四百二十五	六百	七百十七
七百二十三	八百六十四	九百八十二

〈복습 하나〉

(1)

$91+1=$　　　　$83+5=$　　　　$54+2=$

$82+3=$　　　　$93+4=$　　　　$24+5=$

錢　錢　　　　　錢　錢　　　　　錢　錢
$52+6=$　　　　$42+7=$　　　　$21+8=$

(2)

$99-3=$　　　　$98-2=$　　　　$85-3=$

$78-4=$　　　　$26-5=$　　　　$77-6=$

錢　錢　　　　　錢　錢　　　　　錢　錢
$39-7=$　　　　$48-7=$　　　　$29-8=$

(3)

$89+1=$　　　　$78+2=$　　　　$68+3=$

$58+4=$　　　　$49+5=$　　　　$38+6=$

入　入　　　　　入　入　　　　　入　入
$29+7=$　　　　$18+8=$　　　　$88+9=$

(4)

$90-1=$　　　　$81-2=$　　　　$70-3=$

$61-4=$　　　　$51-5=$　　　　$91-9=$

入　入　　　　　入　入　　　　　入　入
$94-7=$　　　　$21-8=$　　　　$40-6=$

(5)

$81 + 18 =$　　　　　$62 + 26 =$　　　　　$43 + 34 =$

$42 + 44 =$　　　　　$23 + 52 =$　　　　　$21 + 72 =$

$\overset{枚}{16} + \overset{枚}{31} =$　　　　　$\overset{枚}{26} + \overset{枚}{22} =$　　　　　$\overset{枚}{17} + \overset{枚}{21} =$

(6)

$29 - 18 =$　　　　　$57 - 25 =$　　　　　$76 - 33 =$

$69 - 54 =$　　　　　$88 - 62 =$　　　　　$97 - 61 =$

$\overset{枚}{98} - \overset{枚}{71} =$　　　　　$\overset{枚}{83} - \overset{枚}{12} =$　　　　　$\overset{枚}{94} - \overset{枚}{31} =$

(7)

$89 + 1 =$　　　　　$68 + 13 =$　　　　　$47 + 25 =$

$15 + 38 =$　　　　　$16 + 48 =$　　　　　$17 + 58 =$

$\overset{尺}{18} + \overset{尺}{68} =$　　　　　$\overset{尺}{4} + \overset{尺}{39} =$　　　　　$\overset{尺}{24} + \overset{尺}{17} =$

(8)

$21 + 2 =$　　　　　$43 + 4 =$　　　　　$20 + 12 =$

$30 + 23 =$　　　　　$62 + 36 =$　　　　　$82 + 58 =$

$\overset{尺}{86} + \overset{尺}{18} =$　　　　　$\overset{尺}{76} + \overset{尺}{7} =$　　　　　$\overset{尺}{65} + \overset{尺}{6} =$

II

⟨곱하기 구구단⟩

다음 곱하기 구구단을 줄줄 말할 수 있을 때까지 읽으시오.

2단

2²는 4	2³은 6	2⁴는 8
25 10	26 12	27 14
28 16	29 18	

3단

3³은 9	34 12	35 15
36 18	37 21	38 24
39 27		

4단

44 16	45 20	46 24
47 28	48 32	49 36

5단

55 25   56 30   57 35

58 40   59 45

6단

66 36   67 42   68 48

69 54

7단

77 49   78 56   79 63

8단

88 64   89 72

9단

99 81

1단

11은 1   12는 2   13은 3

14는 4   15는 5   16은 6

17은 7   18은 8   19는 9

〈복습 둘〉

(1)

90×2=	40×3=	60×4=
70×5=	80×6=	40×7=
週 60×7=	週 30×8=	週 50×8=

(2)

13×2=	32×3=	22×3=
厘 21×4=	厘 27×2=	厘 11×8=

(3)

16=2×	18=3×	20=4×
32=4×	35=5×	42=6×
56= ×7	48= ×8	27= ×9

(4)

100=20×	150=30×	200=40×
250=50×	480=60×	560=70×
400=80×	450=90×	720=90×

(5)

120= ×2	150= ×3	240= ×4
350= ×7	480= ×8	630= ×9

〈복습 셋〉

(1)

16÷2 =	18÷3 =	24÷4 =
35÷5 =	36÷6 =	49÷7 =
^匹63÷7 =	^匹48÷8 =	^{匹匹}72÷9 =

(2)

13÷2 =	17÷2 =	18÷5 =
32÷5 =	19÷6 =	32÷6 =
28÷9 =	17÷3 =	33÷4 =
^間18÷7 =	^間53÷7 =	^間46÷8 =

(3)

70÷10 =	700÷10 =	970÷10 =
^本800÷100 =	^本1000÷10 =	^本1000÷100 =

(4)

$140 \div 2 =$	$240 \div 3 =$	$320 \div 4 =$
$400 \div 5 =$	$360 \div 6 =$	$640 \div 8 =$
$810 \div 9 =$	$800 \div 4 =$	$1000 \div 5 =$

(5)

$39 \div 3 =$	$42 \div 2 =$	$66 \div 2 =$
$74 \div 2 =$	$58 \div 2 =$	$460 \div 2 =$
$333 \div 3 =$	$602 \div 2 =$	$484 \div 4 =$

다이쇼 9년(1920년) 10월 28일 인쇄
다이쇼 9년(1920년) 10월 30일 발행

정가 금8전

조 선 총 독 부

서무부 인쇄소 인쇄

심상소학교
보충교본

권3

서 언

일, 본서는 심상소학교 제3학년 후반기 보충 교과서로 편찬한 것이다.

이, 본서에는 조선에 관한 재료를 주로 채록했다. 단, 조선에 관련 없는 사항이라도, 교육상 특히 유효하다고 판단되는 것은 또한 이를 수록했다.

삼, 수신修身 보충교재는 이를 심상소학수신서 권3, 국어 보충교재는 이를 심상소학국어독본 권5, 6과 연계할 수 있도록 그 부분을 지정했다. 하지만 교수教授 상황에 따라서는 편의에 따라 이를 변경할 수 있다.

사, 산술과 보충교재는 심상소학 제3학년 산술서와 연계해서, 조선 사물의 계산에 관한 응용문제 약간을 제시했다. 또한 이에 준해, 토지 사정에 대응해 필요한 과제를 부여해야 할 것이다.

오, 본서는 난해하다고 생각되는 점에 대해 미리 설명을 부여하고 가능한 한 생도가 이를 자습할 수 있도록 해야 할 것이다.

다이쇼 10년 3월[1]

조선총독부

---

1 역주, 다이쇼大正 10년은 1921년.

심상소학교 보충교본 권3

수신

제1 서로 도와라

나쁜 개가 짖어서 복동이가 울면서 도망칠 때, 다로가 그 길을 지나가고 있었습니다. 한걸음에 달려가 개를 쫓아 주었습니다. 복동이는 기뻐하며 집에 돌아갔습니다.

며칠 후 다로가 아버지 심부름으로 다른 집에 가게 되었는데, 그 집을
못 찾아 난처해했습니다. 마침 그때 복동이가 그 길에서 놀고 있었는데,
다른 아이와 함께 그 집으로 데려다 주었습니다.

제2 시정始政 기념일

10월 1일은 조선 시정 기념일로, 관공서도 학교도 쉬는 날입니다. 어느 집이나 국기를 걸고 경축하고 있습니다.

조선은 원래 한국이라고 했습니다만, 메이지明治 43년[2] 8월 29일에 일본국과 합쳐졌습니다. 그리고 경성에 조선총독부가 창설되어 조선을 통치하게 되어, 10월 1일에 정치가 시작되었습니다. 그래서 이 날을 시정 기념일로 정한 것입니다.

---

2 메이지 43년은 1910년.

조선은 해마다 개척되어 많은 학교가 생기고 농업이나 공업, 상업이 점점 번창해져, 훌륭한 길이 생겨나고 철도가 곳곳에 깔리게 되었습니다. 옛날과 비교하면 모든 것이 매우 발전되었습니다.

조선에 살고 있는 모든 사람이 한 마음이 되어 시정 기념일을 경축하고, 조선이 더욱 발전되도록 노력하지 않으면 안 됩니다.

제3 힘을 합쳐라

지난 번 수해로 다리가 붕괴되어서 생도들이 학교에 다니기도, 사람들이 건너기도 곤란했습니다. 그래서 지금 많은 사람들이 나와서 다리를 새로 만들고 있습니다. 오늘은 학교가 쉬는 날이므로 돕고 있는 생도도 있습니다. 모두 열심히 일하고 있습니다.

이리하여 다리가 완성되면 많이 편리해질 것입니다.

이들은 언제나 이렇게 힘을 합쳐서, 사람들에게 도움이 되는 일을 합니다.

국어

목록

1 나무 심기

우리 학교에서는 매년 나무심기를 합니다. 오늘도 나무를 심었습니다. 우리들은 많은 구멍을 팝니다. 모두가 땀을 흘리면서 팝니다. 그리고 소나무나 밤나무나 상수리나무 등의 모종을 구멍에 꽂고 흙을 덮어 뿌리 부분을 잘 밟아서 단단하게 했습니다. 선생님은 "여러분, 잘 심었군요." 하고 칭찬해 주셨습니다.

수년 전에 심은 나무는 벌써 크게 자라서 우리들 키보다 큰 것도 있습니다. 작년에 심은 것은 잘 자라고 있습니다. 오늘 우리들이 심은 것도 잘 자라서, 나중에 저렇게 크게 될 거라며 모두 기뻐하고 있습니다.

선생님은 우리들을 향해서

대동면大東面 소학교에서도 오늘 나무를 심습니다. 어디서든 이렇게 나무를 심기 때문에 조선의 벌거숭이산도 해마다 푸르러지고 있습니다. 앞으로 수십 년이 지나면 조선 전역에 많은 산림이 생겨나 가뭄 때에도 물이 마르지 않게 되고, 큰 비에도 홍수가 나지 않게 될 것입니다. 여러분이 이처럼 열심히 나무를 심은 것은 세상을 위해 큰 도움이 될 것입니다.

하고 말씀하셨습니다.

2 스사노오노 미코토素戔嗚尊

"형, 이전에 형이 말씀하신 스사노오노 미코토 이야기는 매우 재미있었습니다. 스사노오노 미코토는 정말로 강한 분이셨군요."

"맞습니다. 매우 훌륭한 분이셨습니다. 스사노오노 미코토는 조선에 오신 적이 있습니다. 형은 그 이야기를 어제 선생님께 들었습니다."

"제발 그 이야기를 해 주세요."

"스사노오노 미코토는 아드님과 함께 조선에 건너셔서 신라에 사신 적이 있다고 합니다. 내지와 조선 사이의 왕래에는 배가 필요했기 때문에 스사노오노 미코토는 배를 만드는데 필요한 삼나무나 녹나무 기타 여러 나무 종자를 많이 내지에 뿌리셨습니다. 그래서 내지에는 어디에 가도 나무가 푸르게 우거져 있다는 것입니다."

3 알에서 태어난 왕[3]

  옛날 어느 내지의 수장 아내가 매우 큰 알을 낳았습니다. 집안 사람들은 불길하다 해서 불쌍하지만 알을 버리기로 하였습니다. 아내는 깨끗한 비단으로 싼 알을 아름다운 상자에 넣어 울면서 바다로 흘려보냈습니다.

  그 상자는 파도를 타고 흘러 흘러서, 며칠간 해가 지고 날이 새어 이윽고 조선 해안에 다다랐습니다. 이것을 발견한 사람들은 이상하게 여기며 아무도 건지지 않았습니다. 그중에 한 할머니가 무얼까 하고 여기며 건져 올려 상자를 열어 보았습니다. 그러자 안에는 아름답고 귀여운 사내아이가 알에서 태어나 있었습니다. 할머니는 매우 기뻐하고 이 아이를 집에 안고 돌아가 소중하게 키웠습니다.

---

3 역주, 신라 4대왕 석탈해 이야기를 개작한 것이다.

이 아이는 자라면서 지혜가 남보다 뛰어나고, 힘이 세고, 용모가 기품이 있어 보였습니다. 그래서 점점 출세하여 나중에 신라의 왕이 되었다고 합니다.

　이 사람의 신하 중, 호공瓠公이라는 현명한 이가 있었는데, 역시 내지 사람으로 큰 표주박을 허리에 차고 바다를 건너왔다고 합니다.

　이것은 조선의 오래된 서적에 적힌 이야기입니다.

4 금강산

금강산은 옛날부터 유명한 산인데, 최근에서야 널리 세상에 알려졌습니다.

금강산에는 경치가 좋은 곳이 많이 있습니다만, 그중에서도 특히 만물상萬物相, 구룡연九龍淵이 뛰어납니다.

만물상은 바위가 하늘로 높이 솟아, 여러 가지 모양을 하고 있습니다. 기둥처럼 솟아오른 것도 있고, 벽처럼

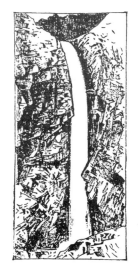

깎아진 것도 있습니다. 또 사람 모양을 한 것도 있고, 짐승 모양을 한 것도 있습니다. 마치 만물의 모습을 나타내고 있는 듯이 보입니다. 구룡포는 수백 척의 험한 낭떠러지에서 물이 떨어집니다. 그래서 그 힘으로 깊은 연못이 생겨났습니다. 이것이 구룡연입니다. 하얀 비단을 길게 깐 듯한 폭포가 바닥이 보이지 않는 새파란 연못에 떨어지는 장면은 매우 장관입니다.

금강산에는 훌륭한 큰 산이 여러 개 있는데, 그중에서도 장안사長安寺는 특히 유명합니다.

5 시장

시장에는 여러 물건을 파는 사람들이 있습니다. 이것 보세요, 가지나 참외나 오이 등을 파는 사람도 있습니다. 쌀이나 보리, 통, 팥 등을 파는 사람도 있습니다.

이 사람들은 이곳저곳에서 물건을 가지고 시장에 나온 것입니다. 그 중에는 80, 90리나 떨어진 곳에서 온 사람도 있습니다.

사람들이 많이 모여 물건을 사고 있습니다. 벌써 물건을 사서 돌아가는 사람도 있습니다. 지금 시장에 온 사람도 있습니다. 매우 번화합니다.

시장은 매일 열리는 곳도 있지만, 한 달에 5번 또는 6번 정도 열리는 곳도 있습니다. 이 시장은 매월 1, 6의 날에 열립니다. 1, 6의 날이란 1일, 6일, 11일, 16일, 21일, 26일입니다. 다른 곳에서는 2, 7의 날, 또는 3, 8의 날에 열리는 시장도 있습니다. 또 봄과 가을에 열리는 대시장도 있는데, 이것은 10일간 계속됩니다.

조선에서는 주요 지역에 대개 시장이 열립니다. 옛날에는 조선 시골에는 상점이 없었기에 물품을 시장에서 매매한 것입니다. 최근에는 상점이 점점 늘어났는데, 그래도 시장은 아직도 번화합니다. 내지에서도 옛날에는 시장이 곳곳에 있었습니다. 그래서 지금도 욧카이치四日市, 이쓰카이치五日市, 요카이치八日市라는 지명이 남아 있습니다.

6 하테비巴提便

옛날, 하테비라는 사람이 천자님(천황폐하)의 명령을 받아, 조선에 사신으로 가게 되었습니다. 아내와 자식이 하테비를 따라 왔기 때문에, 결국 함께 데리고 가게 되었습니다.

어느 날 많은 눈이 내려서 바닷가 집에 머물게 되었습니다. 그때 언젠가 아이가 집 밖으로 놀러 나갔는데, 웬일인지 시간이 지나도 돌아오지 않았습니다.

하테비는 걱정이 되어 집 주위를 찾아보니, 눈 위에 아이 발자국이 있었습니다. 따라가 보니 계속해서 큰 개 발자국 같은 것이 아이 발자국과 겹쳐져 있었습니다. 그리고 나중에는 아이 발자국이 없어지고, 짐승 발자국만 남았습니다. 그래서 하테비는 "이런, 호랑이에게 잡힌 것인가." 하고 칼을 뽑아 오른손에 들고 그 발자국을 따라 갔습니다.

발자국은 점점 산 쪽으로 이어졌습니다. 하테비는 결국 굴 속까지 들어갔습니다. 굴 속에는 커다란 호랑이가 눈을 번쩍이며 웅크리고 있었습니다. 애석하게도 아이는 벌써 잡아 먹혀 버리고 말았습니다.

호랑이는 하테비를 보고 큰 입을 벌려 어금니를 들어내며 덤벼들었습니다.

하테비는 "내 아이의 원수 놈"이라며 왼손으로 호랑이 아래를 잡고, 오른손 칼을 들어 호랑이 머리를 잘라 버렸습니다.

하테비는 호랑이 가죽을 벗겨내 돌아와서 천자님에게 상납했습니다.

7 나라奈良의 대불과 은진恩津의 미륵불

지금 다다오와 문길이는 여러 가지 이야기를 하고 있습니다.

다다오 "문길 씨, 나라의 대불은 크기가 어느 정도인지 알죠."

문길 "압니다. 나라의 대불은 앉아 계시지만 그 크기는 5장 3척 5촌이라고 합니다."

다다오 "우리나라에는 그것보다 더 큰 불상이 있습니다만, 그것을 알고 있습니까?"

문길 "그건 모릅니다. 어디에 그런 큰 불상이 있습니까?"

다다오 "조선 은진이라는 곳에 있습니다."

문길 "뭐라고 하는 불상입니까?"

다다오 "미륵불입니다."

문길 "그 미륵불은 어느 정도 큽니까?"

다다오 "미륵불은 높은 관을 쓰

고 서 있는데 그 높이는 6장 7촌이라고 합니다."

문길   "과연 큰 불상이군요. 나라 대불은 금불상이라고 하는데, 미

                륵불도 역시 금불상입니까?"

다다오   "금불상은 아닙니다. 석불상입니다. 화강암으로 만든 것입니

                다."

문길   "나라 대불은 지금부터 천 이백 년 전에 만들어진 것이라 하

                는데, 미륵불은 언제쯤 만들어진 것입니까?"

다다오   "미륵불은 나라

                대불보다는 이

                백 년이나 늦

                게 만들어진 것

                이라 합니다."

8 학

나는 내지에 있었을 때, 어머니를 따라서 동물원에 가서 학을 보았습니다. 그 학은 단정丹頂이라는 종류로 몸집이 크고 새하얗고, 목과 다리가 길며, 머리 위는 적색이었습니다. 참으로 아름다운 새라고 생각했습니다.

학은 천년이나 장수하는 새라고 하여, 우리나라에서는 매우 경사스러운 것으로 여긴다고 자주 들었습니다. 또 학의 모습을 문양으로 한 것도 보았습니다. 우리들은 종이를 접어 학을 만들어 놀 때도 있습니다.

저는 학을 사람이 기르는 것으로만 생각하고 있었는데, 조선에 와서 학이 들판이나 논 등에 있는 것을 보고 놀랐습니다. 학이 땅에 내려앉아 조용히 걸으면서 먹이를 찾는 것이나, 날개를 펼쳐 높은 하늘로 날아오르는 모습은 마치 그림과 같습니다.

옛날에는 내지에도 학이 있었다고 하지만, 지금은 거의 오지 않게 되었다고 합니다. 학은 여름에는 멀리 북쪽에서 살고 있지만, 가을이 되면 남쪽으로 옵니다. 그리고 봄이 되면 다시 북으로 돌아갑니다. 그러므로 학은 가을에서 봄 사이에 있습니다. 조선에도 옛날에는 많이 왔다고 전해지지만, 사람들이 잡아서 점점 적어지고 있다고 합니다. 지금은 단정이라는 학을 잡는 것은 금지되었습니다. 이런 진귀한 새는 잘 보호해서 멸종되지 않도록 하지 않으면 안 됩니다.

9 한자 연습

일, 다음 한자 중에서 '나무 목변(木)'이 붙는 자를 읽어 보시오.

'손수변(扌)'이 붙는 자를 읽어 보시오.
'삼수변(氵)'이 붙는 자를 읽어 보시오.
'인변(亻)'이 붙는 자를 읽어 보시오.
'책받침변(辶)'이 붙는 자를 읽어 보시오.

海	便	辻	村	河	拾	價	机
道	何	酒	持	送	低	松	

이, '나무목변(木)'이 붙는 자를 아는 만큼 적으시오.

'손수변(扌)'이 붙는 자를 아는 만큼 적으시오.
'삼수변(氵)'이 붙는 자를 아는 만큼 적으시오.
'인변(亻)'이 붙는 자를 아는 만큼 적으시오.
'책받침변(辶)'이 붙는 자를 아는 만큼 적으시오.

삼, 다음 한자 중에서 '대죽머리(竹)'가 붙는 자를 읽어 보시오.

'초두(艹)'가 붙는 자를 읽어 보시오.
'갓머리(宀)'가 붙는 자를 읽어 보시오.
'비우머리(雨)'가 붙는 자를 읽어 보시오.

箱	草	家	雲	宮	花
答	雪	室	薪	筆	電

사, '대죽머리(竹)'가 붙는 자를 아는 만큼 적으시오.

'초두(艹)'가 붙는 자를 아는 만큼 적으시오.
'갓머리(宀)'가 붙는 자를 아는 만큼 적으시오.
'비우머리(雨)'가 붙는 자를 아는 만큼 적으시오.

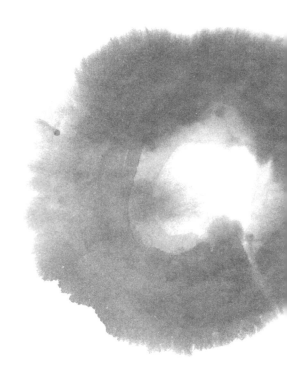

심상소학교 보충교본 권3

산술

목록

I

덧셈 및 뺄셈
응용문제(응용문제 3의 다음)

(1) 심상소학 제3학년 교과서 값은 모두 얼마인가?

심상소학수신서 권3	전
심상소학국어독본 권5	전
심상소학국어독본 권6	전
심상소학쓰기법 제3학년용 상	전
심상소학쓰기법 제3학년용 하	전
심상소학산술서 제3학년용	전
심상소학신정 화첩 제3학년용	전

(2) 이 학교 조합에서 내지인은 남자가 ○○명이고, 여자가 ○○명이다. 합해서 몇 명인가?

남자와 여자를 비교하면, 어느 쪽이 얼마나 많은가?

(3) 이 학교 심상과 제1학년생은 ○○명, 제2학년생은 ○○명, 제3학년생은 ○○명이다. 합해서 몇 명인가?

이 학교 심상과 제4학년생은 ○○명, 제5학년생은 ○○명, 제6학년생은 ○○명이다. 합해서 몇 명인가?

이 학교 심상과 생도는 합해서 몇 명인가?

이 학교 심상과 여자 생도는 ○○명이다. 남자 생도는 몇 명인가?

제3학년생은 제1, 2, 4, 5, 6학년생과 비교하면, 얼마나 많은가, 또는 적은가?

(4) 학교림(林)에 첫 해에 나무를 230그루, 다음 해에 350그루, 그 다음 해에 420그루 심었다. 모두 몇 그루 심었나?

그중, 173그루가 말랐다고 하면, 지금 자라고 있는 것은 몇 그루인가?

(5) 내지에서 제일 높은 산은 후지산으로, 그 높이는 1만 2천4백70척이다. 조선에서 제일 높은 산은 백두산으로, 그 높이는 9천55척이다. 백두산은 후지산보다 어느 정도 낮은가?

(6) 내지에서 제일 긴 강은 시나노 강信濃川으로 840리다. 조선에서 제일 긴 강은 압록강으로 2,010리다. 압록강은 시나노강보다 어느 정도 긴가?

II

곱하기 및 나누기
응용문제(응용문제 7의 다음)

(1) 명주 한 폭 값이 55전이라면, 두 폭 반은 어느 정도인가?

(2) 쌀 한 가마니는 다섯 말이다. 15가마니는 몇 석 몇 말인가?

(3) 조선에서 쌀이 가장 비쌌을 때는 한 되 값이 62전이었다. 그때 두 말 다섯 되는 얼마였나?

또한 지금 값으로 환산하면 얼마인가?

쌀이 가장 비쌌을 때와 현재와는 두 말 다섯 되라면 어느 정도 차이가 나는가?

(4) 조선 달걀 5개가 31전 5리라면, 1개는 얼마인가?

Ⅲ

곱하기 및 나누기
응용문제(응용문제 9의 다음)

(1) 조선에서는 쌀 한 가마니가 5말이다. 여기에 쌀 2석 3말일 때, 몇 가마니가 되고, 그 나머지는 얼마인가?

5석 2말은 몇 가마니가 되고, 그 나머지는 얼마인가?

(2) 명주 3폭 반값은 19원 25전이다. 1폭 값은 얼마인가?

(3) 쌀 한 가마니 값은 13원 50전이라면, 1되 값은 얼마인가?

다이쇼 10년(1921년) 11월 13일 인쇄
다이쇼 10년(1921년) 11월 15일 발행

심소보충삼
정가 금12전

조 선 총 독 부

서무부 인쇄소 인쇄

심상소학교
보충교본

영인

緒　言

一、本書ハ尋常小學校第一學年後半期ノ補充敎科書トシテ編纂セルモノナリ。

二、本書ニハ朝鮮ニ關スル材料ヲ主トシテ探錄セリ。但シ朝鮮ニ關セサル事項ニテモ敎育上特ニ有效ト認メタルモノハ亦之ヲ探錄セリ。

三、修身ノ補充敎材ハ之ヲ尋常小學修身書卷一、國語ノ補充敎材ハ之ヲ尋常小學國語讀本卷二ト連絡スヘキ箇所ヲ指定セリ。然レドモ敎授ノ部合ニ依リテハ便宜其ノ箇所ヲ變更スルモ可ナリ。

尋常小學校第一學年生徒ノ盆ニ、算術科ノ國定教科書ナキニヨリ、本書ニ於テハ第一學年算術科教材中主要ナルモノヲ舉ゲテ、生徒ノ練習復習等ノ便ニ供セリ。教授上ノ便ニ供セリ。

四、之ヲ適當ニ之ヲ利用セシコトヲ要ス。

五、本書ハ難解ト思ハルル點ニ就キ豫メ説明ヲ與ヘ成ルベク生徒ヲシテ之ヲ自習セシムベシ。

六、大正九年三月

　　　　朝　鮮　總　督　府

モクロク

一 カニヲ ウチマス

1

モ マク ヲ ト ル ト ヘ イニ
モ ヘ ウシ ヲ ヌイデ レイ ヲ
シマス。

オ アシ ノ ヒ ニヘ オナサ
ン ヤ オカアサン ナデ ト イニ
ツシ ヨニ カミサマ ニ オマヰ
シマス。

二 ツナ ニ キ ヲ
ヨ テ

三 イヤ セイ イ カ
人ニ カカヌ
デス。 フタ リ ト コロ カ
キモ ノ ヲ ダ ハニ

テイイシ五ツレンフ コ
コシ五ツレン コン
イ五ツレカテ゛ス コ
人ヲ ハ カテ゛ス ワルイト
二ヲ イ マ ラ゛ ヲ
ナニ ヲ イヒマシタ。
カ
ワル二

タヌ人デス。

タラサ゛ハ コレヲ ト゛ウテ゛
「シ゛ラサ゛ サ゛ン シシナコト ヲ
ハイシ゛テ゛ ナカ゛ラセ゛ン。ヨイ キ
ヒマ人ニ ワルキナ ト゛イ
ハマセ゛ン。」

ト イッテ キカセマシタ。

コクゴ

一　センタク

日ハレテ　上ニ　ハノ　ガン　オヲカ　ハレテ
タ二　ガ　アヲアヲト　キマス。　ノ　ハノ
オ　バガ　ヲンナノ　キモノ　アリマス。
キマ二　ガ　シテ　アリマス。

キモ＝
チ　イキタク
ヲキ　ヲキ　モ
モ　デ　ア
アンマス。
ス。　パタバタト　キ＝
オノ　ヲ　タタク　キ＝
オト　カ　キコエ＝

マス。　タタイテ　ヨク　アラッタ
キモノ　ノ　パ　ヲカ　ノ　上ニ　ホ＝
スト　カウイタ　キモノ　ヲ　アタマニ　ナル
ニト　カ　セデ　ウチ　＜　カ＜リマス。
タウシテ　キスタ　ニ　ノセデ　マ＝
タ　タタキマス。

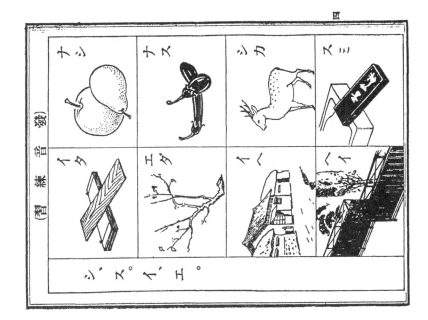

二　カクカアイヒ

「ミナサイ、カクカアイヒ　ヲ
シマセ。」

「ヤマダ　サン、　ヘ　セイサイ　二
オナリ　ナサイ。」

「ワタクシタチ　ハ　セイト　二
ナリマス。」

부록 149

「ヨシ夕　サン
キ、ノ　ハナ＝
ニ　ヲ　夕ヒ＝
マシ夕　力。
「五十オン　ヲ
ナラヒマシ夕。
「シ　ナラ　五＝

十オンジ　ヲ　ン　テ　夕テ
ニ　イシテ　コテハナサイ。
「アイウエオ。カキクケコ。サシス
セン。夕チツテ卜。ナ二ヌネ。」
「ヨロシイ。シン　シキ　ヲ　夕＝
力　サン。
「ヒ　オフクロ。マハ夕メ。ナイ

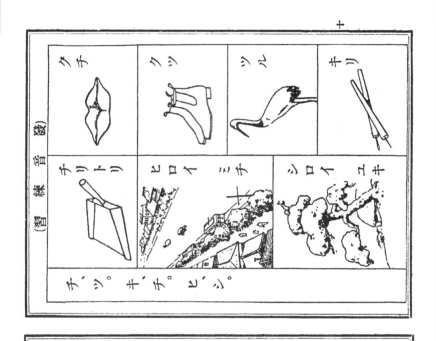

（發）音練習

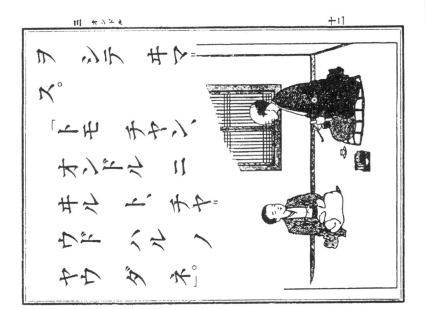

シテ ヲ ス。

「オキオキヤウト モドル ドハル ダ キクニ チヤノ ネ。

「オシドル ニ キレイ メシタニ サムイ コト ハ アリマセン」

「ガフトン モ タイソウ アタタカイネ」

「ヲチヤン ノ オフロ ニ イラツシヤルト ポカポカ アタタカイ デス」

オキヤク ニ カラ゛ テス カタ゛ ア

サマ ノ セキ ニ シテ オタ゛

ン テス。

「サウ カ ネ゜ ト゛ウ モ アタ゛ カ

タ゛。」

「ヲチヤハ゛ ナイチ ニ モ オシ゛ニ

ル カ アリマス カ。」

「ナイチ ニ ハ ナイ ネ゜ ワタシ

モ イナシ ニ ハ キイテ キタ゛シ

ヲカ ミタ゛ ノ ハ イシメ゛ステ タ゛。

「ヲチヤハ゛ ホ゛ク ハ アリ オ

シト゛ル カ スキ テ゛ハ アリマニ オ

トハ゜。 スコシ アタ゛カ ニ ナル

ト゛。ホカ ノ ヘヤ ヘ イシテ

イヌ ハ キヤ セ ン シ タ リ゛ ン ト 　く 　デニ
テ 　ア ン シ タ リ 　シ マ ス」

「ソ レ 　く 　イ 　ホ° 　コ ド モ 　ハ゛
コ ン ナ 　ト コ ロ 　ニ 　ヒ ツ コ ン デ
ハ゛ カ リ 　キ テ 　く 　ヨ ク 　ナ イ°
コ モ 　チ ヤ ン゛ 　オ ン ド ル 　く 　ドニ
コ ノ 　サ チ 　ニ モ 　ア ル 　モ ノ

カ ネ°

「テ サ セ ン 　ン 　く 　ン 　サ チ 　ニニ
ハ゛ ド コ 　ニ モ 　ア リ マ ス 　ガ
ナ イ チ 　ノ 　く 　ノ 　サ チ 　ニ く
ナ イ ト コ ロ 　モ 　ア リ マ ス°」

「オ ン ド ル 　カ ラ 　タ ロ シ 　ノ 　オニ
コ ル 　サ サ 　ナ 　コ ト 　く 　ナ イ

カ ネ゜

「ヨク アリマス。サチ ハ オカ゠
アサン ヘ 「ヒヽモト ニ ヨクイ
キヲ ツケナケレバ ナラナイ゠
オントル ノ タキグチ ニ マ゠
ミバ ナド ヲ オイテ ハ ナ゠
ラナイ」ト イヒヽモ オヒシキ゠

マス゜」

囤 コサ゚リスグリ

マタクシ モ キ゚ハ カラ スコ゠
シ スグレル ナカ ニ ナリマシ゠
タ゜ケフ モ マタ ニ イキパ カ゠
カ゚ラテ イピヽシナル ド イ゚ヽ

シヨ二　イツモ　ノ　三ヽ　コボ
リスベリ　二　イキマシタ。
三ニヽ　一ベイ　アツイ　コボリ
ガ　ヘツテ゛　ガガ三　ノ　ヤ　二
ビカビカ　ヒカツテ゛　キマシタ。
オトナ　モ　タイフ゜　キテ゛　キマシ二
タ。シヤツ　タケ　二　ナツテ゛　ス二

ベツテ゛　キル
ヘモ　アリマ゛
シタ゜　マツスク゛
ロ二　イク　カイテ゛
イク　ヘ゛　ミヽ
ナ　アヤ　ヲ

부록 157

五

トキハ、イヌヲ　シヨツテ
ウマガ、マツバヲ　タクサン
小山ノ　ヤウニ、　ウマガ
アクラ　カラ、　ウマ　ガ　人　ヲ

ハタラ　ズ　セテ　キマス。
ノ　ラ　ズ　ナ　ラ　シ　ナ　ガ二
セ　ラ　ゲ　ン　キ　ヨ　ク
キマス。
ハ　カラダ　ガ　大キクラ、チカラ

カ　タイシナ　シヨウ　コヤイマス゚

ナイチ　ニシ゛　コハナ　キ　ハ　ス゠

ウナウ　コヤイマス゚

テウセン　ハ　ウマ　ハ　カラタ

カ　小サクテ゛　ナイチ　ハ　小ウマ

ホド　シカ　アリマセン゚　ケレドモ

ナカナ　チカラ　カ　シヨウテ゛

サカニチ　テモ　ス\ス\　アルキ゠

マス゚

キ　ハ　コ\サウナ　カホ　ヲ　シ゠

テ　キマス　ケレドモ゛　オナシ\ウ

コヤイマス゚　シン　テス　カラ　ア゠

カンナ　キドモ　テモ　ヒイテ　アル゠

カレル　ハ　テス゚

ウマ　モ　オナナシウ　コヲイマス。
シカシ　オクビヤウ　ヲス　カラ
ヨク　ナニ　カ　ニ　オドロキマス。

サンシユツ

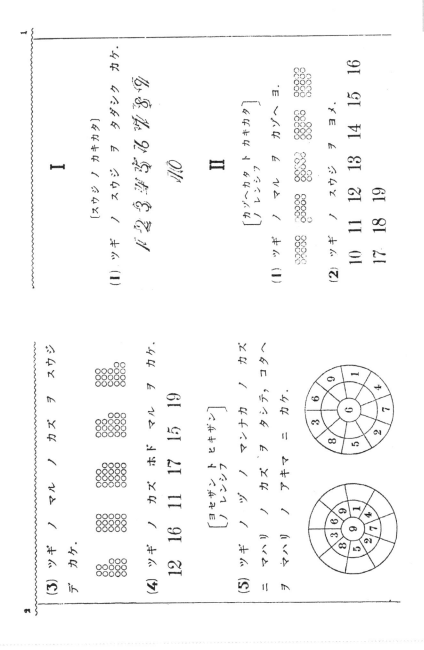

I

[スウジ ノ カキカタ]

(1) ツギ ノ スウジ ヲ タダシク カケ.

1 2 3 4 5 6 7 8 9 10

(2) ツギ ノ スウジ ヲ ヨメ.

II

[カゾヘカタ ト カキカタ]

(1) ツギ ノ マル ヲ カゾヘ ヨ.

(2) ツギ ノ スウジ ヲ ヨメ.

10 11 12 13 14 15 16
17 18 19

(3) ツギ ノ マル ノ カズ ヲ スウジ
デ カケ.

(4) ツギ ノ カズ ホド マル ヲ カケ.

12 16 11 17 15 19

[ヨセザン ト ヒキザン]

(5) ツギ ノ ツブ ノ マンナカ ノ カズ
ニ マハリ ノ カズ ヲ タシテ, コタヘ
ヲ マハリ ノ アキマ ニ カケ.

(6) ウヘ ノ カズ ニ シタ ノ カズ ヲ タシテ, コタヘ ヲ ミギガハ ニ カケ.

1	5	7	8
1	1	1	1
9	9	9	9
2	2	2	2
8	8	8	8
3	3	3	3
7	7	7	7
4	4	4	4
6	6	6	6
5	5	5	5

(7) タテニ ヨセ ヨ. ヨコニ ヨセ ヨ. ナナメニ ヨセ ヨ.

4	3	8
9	5	1
2	7	6

(3) マンナカ ノ カズ カラ マハリ ノ カズ ヲ ヒケ.

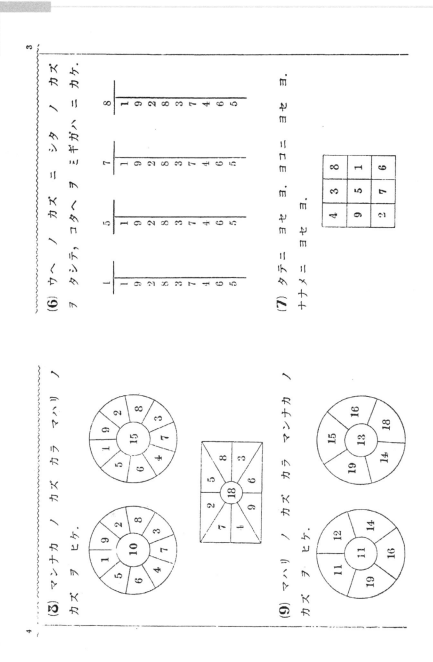

(9) マハリ ノ カズ カラ マンナカ ノ カズ ヲ ヒケ.

(10) コタヘ ガ スグ イヘル ヤウ ニ、ツギ ノ ヨセザン ヲ レンシウ セヨ.

1 ヲ タス レンシウ

1 ニ 1 タシテ △	2 ニ 1 タシテ △
3 ニ 1 タシテ △	4 ニ 1 タシテ △
5 ニ 1 タシテ △	6 ニ 1 タシテ △
7 ニ 1 タシテ △	8 ニ 1 タシテ △
9 ニ 1 タシテ △	

2 ヲ タス レンシウ

1 ニ 2 タシテ △	2 ニ 2 タシテ △
3 ニ 2 タシテ △	4 ニ 2 タシテ △
5 ニ 2 タシテ △	6 ニ 2 タシテ △
7 ニ 2 タシテ △	8 ニ 2 タシテ △
9 ニ 2 タシテ △	

3 ヲ タス レンシウ

1 ニ 3 タシテ △	2 ニ 3 タシテ △
3 ニ 3 タシテ △	4 ニ 3 タシテ △
5 ニ 3 タシテ △	6 ニ 3 タシテ △
7 ニ 3 タシテ △	8 ニ 3 タシテ △
9 ニ 3 タシテ △	

4 ヲ タス レンシウ

1 ニ 4 タシテ △	2 ニ 4 タシテ △
3 ニ 4 タシテ △	4 ニ 4 タシテ △
5 ニ 4 タシテ △	6 ニ 4 タシテ △
7 ニ 4 タシテ △	8 ニ 4 タシテ △
9 ニ 4 タシテ △	

5 ヲ タス レンシウ

1 ニ 5 タシテ △	2 ニ 5 タシテ △
3 ニ 5 タシテ △	4 ニ 5 タシテ △
5 ニ 5 タシテ △	6 ニ 5 タシテ △
7 ニ 5 タシテ △	8 ニ 5 タシテ △
9 ニ 5 タシテ △	

6 ヲ タス レンシウ

1 ニ 6 タシテ △	2 ニ 6 タシテ △
3 ニ 6 タシテ △	4 ニ 6 タシテ △
5 ニ 6 タシテ △	6 ニ 6 タシテ △
7 ニ 6 タシテ △	8 ニ 6 タシテ △
9 ニ 6 タシテ △	

（一一） コタヘ ガ スグ イヘル ヤウ ニ、
ツギ ノ ヒキザン ヲ レンシウセ ヨ.

1 ヲ ヒク レンシウ

1 カラ 1 ヒイテ △　　2 カラ 1 ヒイテ △
3 カラ 1 ヒイテ △　　4 カラ 1 ヒイテ △
5 カラ 1 ヒイテ △　　6 カラ 1 ヒイテ △
7 カラ 1 ヒイテ △　　8 カラ 1 ヒイテ △
9 カラ 1 ヒイテ △　　10 カラ 1 ヒイテ △

2 ヲ ヒク レンシウ

2 カラ 2 ヒイテ △　　3 カラ 2 ヒイテ △
4 カラ 2 ヒイテ △　　5 カラ 2 ヒイテ △
6 カラ 2 ヒイテ △　　7 カラ 2 ヒイテ △
8 カラ 2 ヒイテ △　　9 カラ 2 ヒイテ △
10 カラ 2 ヒイテ △

3 ヲ ヒク レンシウ

3 カラ 3 ヒイテ △　　4 カラ 3 ヒイテ △
5 カラ 3 ヒイテ △　　6 カラ 3 ヒイテ △
7 カラ 3 ヒイテ △　　8 カラ 3 ヒイテ △
9 カラ 3 ヒイテ △

7 ヲ タス レンシウ

1 ニ 7 タシテ △　　2 ニ 7 タシテ △
3 ニ 7 タシテ △　　4 ニ 7 タシテ △
5 ニ 7 タシテ △　　6 ニ 7 タシテ △
7 ニ 7 タシテ △　　8 ニ 7 タシテ △
9 ニ 7 タシテ △

8 ヲ タス レンシウ

1 ニ 8 タシテ △　　2 ニ 8 タシテ △
3 ニ 8 タシテ △　　4 ニ 8 タシテ △
5 ニ 8 タシテ △　　6 ニ 8 タシテ △
7 ニ 8 タシテ △　　8 ニ 8 タシテ △
9 ニ 8 タシテ △

9 ヲ タス レンシウ

1 ニ 9 タシテ △　　2 ニ 9 タシテ △
3 ニ 9 タシテ △　　4 ニ 9 タシテ △
5 ニ 9 タシテ △　　6 ニ 9 タシテ △
7 ニ 9 タシテ △　　8 ニ 9 タシテ △
9 ニ 9 タシテ △

4 ヲ ヒク レンシフ

4 カラ 4 ヒイテ △ 　 5 カラ 4 ヒイテ △
6 カラ 4 ヒイテ △ 　 7 カラ 4 ヒイテ △
8 カラ 4 ヒイテ △ 　 9 カラ 4 ヒイテ △
10 カラ 4 ヒイテ △

5 ヲ ヒク レンシフ

5 カラ 5 ヒイテ △ 　 6 カラ 5 ヒイテ △
7 カラ 5 ヒイテ △ 　 8 カラ 5 ヒイテ △
9 カラ 5 ヒイテ △ 　 10 カラ 5 ヒイテ △

6 ヲ ヒク レンシフ

6 カラ 6 ヒイテ △ 　 7 カラ 6 ヒイテ △
8 カラ 6 ヒイテ △ 　 9 カラ 6 ヒイテ △
10 カラ 6 ヒイテ △

7 ヲ ヒク レンシフ

7 カラ 7 ヒイテ △ 　 8 カラ 7 ヒイテ △
9 カラ 7 ヒイテ △ 　 10 カラ 7 ヒイテ △

8 ヲ ヒク レンシフ

8 カラ 8 ヒイテ △ 　 9 カラ 8 ヒイテ △
10 カラ 8 ヒイテ △

9 ヲ ヒク レンシフ

9 カラ 9 ヒイテ △ 　 10 カラ 9 ヒイテ △

Ⅲ

[トナヘカタ ト カキカタ ／ レンシフ]

(1) ツギ ノ マル ヲ カゾヘ ヨ.

(2) ツギ ノ スウジ ヲ ヨメ.

10	20	30	40	50	60	70	80	90
11	21	31	41	51	61	71	81	91
12	22	32	42	52	62	72	82	92
13	23	33	43	53	63	73	83	93
14	24	34	44	54	64	74	84	94.
15	25	35	45	55	65	75	85	95
16	26	36	46	56	66	76	86	96
17	27	37	47	57	67	77	87	97
18	28	38	48	58	68	78	88	98
19	29	39	49	59	69	79	89	99
				100				

(3) ツギ ノ カズ ヲ スウジ デ カケ.

二十　　五十二　　八十
三十五　六十　　九十六
四十　　七十八　　百

大正九年十月三十日印刷
大正九年十月三十日發行

定價金七錢

朝鮮總督府

庶務部印刷所印刷

緒　言

一、本書ハ尋常小學校第三學年ノ補充教材トシテ編纂セルモノナリ。

一、本書ニハ朝鮮ニ關スル材料ヲ主トシテ探録セリ。但シ朝鮮ニ關セサル事項ニテモ教育上特ニ有效ト認メタルモノハ亦之ヲ探録セリ。

三、修身ノ補充教材ハ之ヲ尋常小學修身卷三、國語ノ補充教材ハ之ヲ尋常小學國語讀本卷三四ト連絡スヘキヤウ其ノ箇所ヲ指定セリ。然レトモ教授ノ都合ニ依リテハ便宜之ヲ變更シテ可ナリ。

四、尋常小學校第三學年生徒ノ總テハ算術科ノ國定教科書ナ
キニヨリ本書ニ於テハ第三學年算術科教材中主要ナルモノ
ヲ擧ケテ生徒ノ練習的習等ノ便ニ供セリ。教授上
適當ニ之ヲ利用セントコトヲ要ス。

五、本書ハ難解ト思ハルヽ點ニ就キテ稍々説明ヲ與ヘ成ルヘク
生徒ヲシテ之ヲ自習セシムヘシ。

大正九年二月

朝鮮總督府

一　コトバヅカヒ ニキヲ ツケヨ

ツケヨ

キドモ ガ 大セイ アツマツテ アソンデ
ヰマシタ。ソノ トキ ヒトリ ノ キドモ
ガ ホカ ノ キドモ ニ ナニカ キ
ニ イラヌ コトヲ イハレタノデ スルト
ソノ コドモ モ マタ ナニ カ イヒカニ
ヘンシマシタ。サウシテ シマヒニ ケンクワ

テ゠　サク　リ　ナ　ニ
ミン゠　ラ゛　カ　タ　シ
イロ゠イ　ロ　イ　ガ　ナ
マシタ゜　マ　メ　ト　ト
ヤメマ゠　モ　ド　レ　ケ
ミ゠　テ　ン゚　シン　セ
タリ゠　フ　レ　ガ　シ
オイ゠　テ　テ　ス　ヲ

テ゛　ホカ　ヘ　イキマシタ゜　フタリ　モ　ヤ゠
メテ　アト　ヲ　オツテ　イキマシタ　ガ゛
モウ　ダレ　モ　ミエマセン　デシタ゜

二　トモダチト　ナカヨク
　　　セ　ヨ

アクドウ　ヘ　イツ　カ　ガクカウ　カラ
カヘル　ミチ　デ　アメ　ニ　アッテ゛　タイ゠

ソン　ハ　　コマリマシタ゜　タケヲ　ハ　シレ　ヲ
ミテ゛　カヂドウ
ヲ　　シン゛　ノ
カラ　カサ　ニ　人二
レデ　ヤリマタ゜
ン　　カラ　クタ二
シリ　ハ　タイヘン　ナカ　カ　ヨク　ナリマ
シタ゜　ガクカサ　ヘ　イク　ミチ　デ　イツ二

シヨニ　ナル　ト゛　イツモ　デイネイ二　ア
イサツ　ヲ　シマス゜ヤスミ　ノ　日　二
ハ゛　タケ　ヲ　カ　アソドウ　ノ　ウチ　ヘ
アンビ　二　イツタリ゛　アソド゛　カ　タケ二
ヲ　ノ　ウチ　ヘ　アンビ　二　イツタリ
シマス゜又　アタリ　デ　ホカ　ノ　子ドモ
ヲ　サンシデ゛　ハヘ　ヘ　アンビ　二　イ二
ク　コト　モ　アリマス゜

三 キンジヨ ノ 人 ト シ タ ニ
シク セ ヨ

オハル ノ ウチ ハ 王姫 ノ ウチ ノ
トナリ デス。イマ 王姫 ノ オトウサン
ハ オハル ノ オトウサン ニ アイサツ
ヲ シテ キマス。王姫 ガ タビタビ オ
ハル ノ ウチ ヘ イツテ、セル ノ テ
ツタイ ヲ イツテ キル ノ テス。

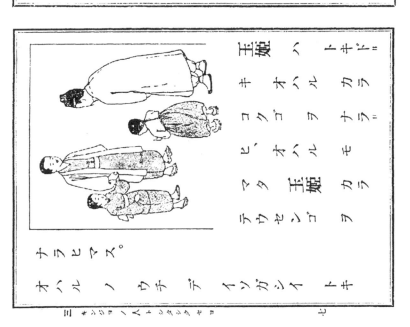

王姫 ハ トキニ
キ オハル カラニ
コビ、オハル ヲ ナラニ
マ、オハル ヲ 王姫
デ ウセン コ ヲ カラ
ウセン。

ナラヒマス。

オハル ノ ウチ デ イン ガ シイ トキ

ナ　ド　ハ゛　王姬　ノ　ウ　チ　ノ　人　ガ　テ
ニ　ッタ　ッテ　クレマス。

オ　ハ゛　ル　ノ　オ　ウ　サ　ン　ハ　ナ　イ　チ　ヘ
ゲ　イ　ッタ　ト　キ゛　王姬　ニ　エ　ホ　ン　ヲ　ミ　ヤ
ニ　カ　ッテ　キ　テ　ヤ　リ　マ　シ　タ。

コ　ク　ゴ

一 レンシウセン

私ト オカアサン トハ、レンシウセン ニ ノツテ、朝鮮ヘ クル コト ニ ナリマシタ。

……

ジコク ニ ナルト、キセン ハ キテキ ヲ ……

ヲナラシテ ウゴキ出シマシタ。ナミガ
シヅカデ キセンハ スコシモ ユレマ
センデシタ。
「コンヤハ ウミガ シヅカデ ケツ
カウダ゜。」
トイツテ゛ ミンナガ ヨロコンデ キマ
シタ。
ミヨチヤンハ クチノ オガシサニ

デモ キヌ ツキリデ゛ンコ ラヲ ハヒニ
マハツデ゛ヨンノ ヲベサンニ アキサニ
レテキマシタガ゛ イツノマニカ オニ
カアサンノ ンベヘ キデ゛スヤスキト
ネムツテ シマヒマシタ゜。
私ハ オトウサント 一シヨニ カンバンニ
カニ ヒロイ ウミノ 上ヲ 見マシタ。月ガ シヅテ

ノ
コ
ニ

ヲ
キ
マ
ス°

ナ
ミ
ヲ
キ
ル
カ
ラ、

イ
キ
マ
ス°
ト
チ
ヤ〻

ハ
ロ
イ
ロ
ニ゛

白イ
ニ゛
サ
ム
ク

ヘ
キ
セ
ン
ト゛
ナ
ツ
テ

キ
セ
ン
ヘ
シ
ヤ

マ
ス°
キ
マ
シ
タ。

オ
ト
ウ
サ
ン
ハ

ナ
ミ
ヲ
キ
ツ
テ

シ
テ゛
ヲ
ヤ
ス
ミ
マ
ス°

キ
テ゛
キ
ヲ
サ
マ
シ
タ。

ヒ
ナ
ス
テ
イ
マ
ヒ゛
ツ
タ
リ
ト
「
サ
ア゛、
ア
ガ
ラ
ウ。」

カ
カ
ガ
マ
ス°
イ
ア
ツ
マ
ツ
テ

サ
ア
ガ
ル
ニ
釜
山
ノ
ハ

シ
タ
ク
ヲ
シ
テ

コ
ル
シ
タ
マ
チ
ニ
ハ
人

テ
ニ゛
バ
ン
キ
セ
ン
ハ
サ
ン
バ
シ

キ
マ
シ
タ。
ヲ
シ
テ
カ゛

モ
ウ
キ
マ
ス°
ガ
大
ゼ
イ

ミ
ン
エ
ニ゛
ゼ
ニ゛
ニ

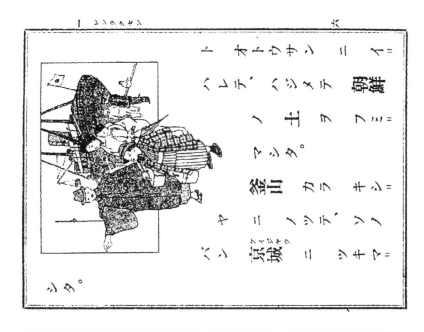

朝鮮ニ
キテ、オレデ
ノ マシタ。
釜山ノ 土ヲ
フミマシタ。
ソレカラ、汽車ニ
ノツテ、ヤス
ン ヤス
京城ニ
ツキマシタ。
シタ。

京城デ ハ、サクラガ、
サイテ ヰマシタ。

　　二　カササギ

私ハ 朝鮮ヘ キテ、ハジメテ カササギ
ト オモツテ キマシタ。カササギ ハ カラス ノ
トオ チガヒマス。カササギ ハ カラス ノ

キ二　クロイ　ケモ゛ド　モ゛　ハラ　ノ　ア二
タリハ　血ケ゛　ハネ二モ　血イ　トコ
ガ　アリマ二
ス°。　サウシ二
テ　　ヲハ
タイ　ンウ
ナガウ　コサイマス°。
コノゴロ　オミヤ　ノ　マへ　ノ　タカイ

木二スヲツクリマシタ。モウヒナ
ガカヘッテ、スノ中テナイテヰ
マス。オヤドリハマイ二チエヲヒ
ロッテキテ、タベサセテヰマス。
ネコガ木ノ下ヘクルト、オヤド
リノツバスガ二サケビナガラホコ
ントソバヘトンデイキマス。サウシテ
ネコヲツツクコトモアリマス。ホ

ス、ハ　ナト　イ　アン　ラン　ヲ
ヒ　ナ　ニ　コ　ノ　デ　セ　ウ。

ク　ハ　ヨ　ク　サ　キ　ハ　カ
チ　ド　ナ　ヤ　イ　チ　ゞ　キ
ニ　ヲ　シ　ナ　コ　イ　コ　ダ
ケ　ト　ナ　ベ　オ　マ　マ　ニ
ル　モ、ド　ニ　キ　リ　タ
ス　ヂ　レ　ケ　マ　ス。キ　ダ
　　　　　　ス。　　　　ニ

三　朝鮮の人の着物

ちよ子は　おかあさん　から、きもの
を　もらつて　うれしく　おもひま
した。ある　日　その　順女（じゆんぢよ）の
おかあさん　も　きて、ちよ子の
きものを　たいそう　ほめました。ちよ
子は　だいて　もらつた　きものを、
順女（じゆんぢよ）に　かして　ちよ子の
きものを　おにはで　あそびに
いきました。
するど　順女（じゆんぢよ）の　おかあさん　も

うけつけました。

「さあ、おはいり　にんぎょうを　どうぞ。
うちには　いろいろな　ものが　ありますよ。
その　あかい　ものの　のは　なんと　いう
ものですか」

と　いいました。おとうさんは　これが　らっ
ぱだ、これが　したぎ、これが　おび
と　いうふうに　おはなししてくだ　さいました。そうして

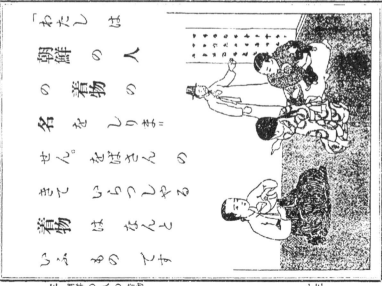

「わたし　は　朝鮮の人
の　着物の
名を　しりま
せん。あなたの
うちで　うっている
着物は　なんと
いうものです
か」

「か。」

と　だうねまいだ。

「わたし　の　まと　める　の　はに　れ
が　わたる　の　人　に　れ　が　わまる　し
まる　の　した　に　はうて　める　の
が　はまる　人す。」

「おま　は　おたし　たち　の　はがまに
よく　にて　めます　ね。

てく　順女　の　おとうさん　が　わまし
した　から、ちょうし　は　まだ　だうねまし
た。

「おまさん　が　らく　に　まて　うらし
んやる　の　は　はまの　です　が。」

「はおの　に　にて　めます　が、はおの
ては　めのませく。つめまく　と　らく
もの　です。」

「うっつさんは　ちまたを　せん　ろっつ=
てやらませんね。」

「あよ千さん、せんつは　たまた　せ=
ません。はらを　は〜だけ　です。」

「そう　です　か。せなさんの　あよつの=
は　せなさんの　こ　ちがうます　ね。」

「はじ、ちがうます　と、せつが　ちが=
ます　か。」

「せなさんの　ての　も　長い　てせう。」

「そう　です。せんなの　ちよつの　は=
みじかい、せんつの　ちよつの　は=
ながら　の　です。」

だれから　およ千は　順女　と　あるっ=
ら〜　あませんで　うろ　〜　かく　のません　だ。

四　あよ　かよ

〔右側の囲み〕

みぎ が て は
ちて に やうに に、
きれいな　右　の
い湯婦　て　たの、
　　ん は　の　する　まし。
ん札　は　「みぎ　が　て」　の　うた　と　申
しまして、てんの　くらい　か　きれい
だいまつの　うた　て　きれいうまし。

〔左側の囲み〕

んの　うた　の　いま　は、
「てんの　くらい　は　千年　も　まん年
も　ながらへ　て　あそばされ、　いに
小さな　右　が　たんたん　大きな　い　は
に　なつて、その　いは　に　いは　が
は、くの　まん、ながく　くに　を　おきは＝
の　あそばされる　やう　に　つの、の　た＝
てまつの　まし。

と　いふ　の　で　こまります。
あす　は　學校　に　いくものから、せんせい　の
ものが　あります　から、せんせい　は
私　ども　に「きが　よ」の　ゑんしつ
を　させて　くださいました。

　　五日（いつか）
五日の朝　私　は　おかあさん　に

つれられて、いれられ、いはは　く　かひ物　に　いき＝
ました。おかあさん　は　やさい　や　くだ＝
もの　など　を　たくさん　おかひ　に　な＝
りました。私　は　それ　を　おかあさん
と　ふたり　で　持って　かへり　と　い＝
ました。かひ物　が　おほい　の　で、なか＝
なか　ふたり　で　は　持ちきれませぐ。そこ
く　子ども　の　ちけくん　が　來て、

「ああ、人のまちか。」
と　いひました。
おかあさんは
「あらうと　よろ
しいこと　です。
それは　たの＝
しいです　よ。」
と　おつしやいました。

物立＝
私は　おかあさんに
私と　子どもは　おきゃくさんが
を　して　あげました。うち
へ　かへる　ときに　おみ＝
やげを　もらつて　かへり
ました。

六　モノイフカメ　（一）

兄ト弟トガアリマシタ。兄ハ心ガヤサシクテ、父母ニヨクツカヘ、弟ヲカハイガリマシタ。ヨイモノハミナ弟ニヤリ、ワルイモノバカリ自分ガトリマシタ。弟モ兄ニヨクシテ、母ニヨクツカヘマシタ。

アルトキ、母ガビャウキニナリマシタ。弟ハ自分ノコトヲカヘリミズ、日ヒトヒ山ヘイキ、タキギヲトッテキテ、母ヲヤシナヒマシタ。

サ　マス　ト　クリ　ガ　｜ツ　コモコト
オチテ　來マシタ。
「ア、クリガ　オチテ　來タ。オカアサン
ヘ　オミヤゲ　ニ　ヒロツテ　イカウ」
ト　イツテ、取ラウ　ト　シマス　ト、小サ
ナコエデ、
「オカアサン　ヘ　オミヤゲ　ニ　ヒロツテ
イカウ」。

ト　イフ　モノ　ガ　アリマス。
「オヤ、ダレ　カ　マネ　ヲ　シタ。ダレ
ダ、ダレ　ダ」
ト　イツテ、アタリ　ヲ　見マヘシマシタ
ガ、ダレ　モ　キマセン。クリ　ノ　木　ノ
ネモト　ヲ　見マス　ト、小サナ　カメ　ガ
キマシタ。
「コ　ノ　カメ　ガ　イツタ　ノ　カ　知ラン」

バ゠　ガ　リ　クゞ　ゞツ　｜ン　マタ　ニゞ　チ　ウト　ノ　ンサ
ネ゠　　コレ　ハ　キタ。　オチテ　マタ　「オゞ　　シタ。　マ　オト　ツ　サ
　　　　　　　　　　　　　　　　ニ」　オミヤゲ　〈　サン　エ
足モ゠　ト、　シマス　ト　ラウ　取　テ　イツ　ノ　ト　ト
　　　　　　　　　　　　　　又　ガ　メ　カ　ノ　ト
　　　　　　　　　　　　　　ニ」　オミヤゲ　〈　サン　エ　ネ　「
　　　　　　　　　　　　　　シタ。　イヒマ　ト

イ　ガ　メ　カ　ノ　コ　モ　ノ　キツサ　゛ア　「
タ。　メ　カ　ナ゛　ダ　ノ　ナ゛　ノ　タ　ダ　ツ
ニ゠　シマ　リ　カ〈　テ　トツ　ヲ　メ　カ　デ　イツ　ト
テ゛、　イツテ　〈　町　テシ　サウ　タ。
　　　カメ　ニ　　カメ。　モノイフ　モノイフ　「
せ゠　せマ　ハ　イ　ヲ　ノ　モ
　　　　シタ。　アルキマ　デ　ヨン　ト
ガ　タテ　人　ノ　町　テ゛　キイ　ヲ　コレ

大ぞイ ヨッテ 來マシタ。

ソコデ 弟ガ 大キナ 二

エデ、

「オカアサン ニ ヒロッテ

イカウ」

ト イヒマス ト、

小サナ コエデ、

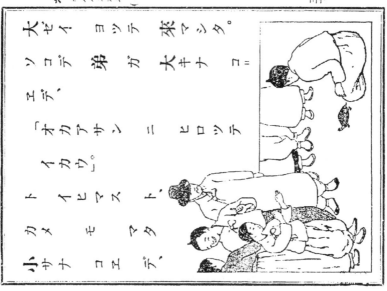

「オカアサン ニ ヒロッテ イカウ」。

ト イヒマス。 弟ガ

「ネエサン ヘ オミヤゲ ニ」。

ト イヒマス ト、カメモ マタ

「ネエサン ヘ オミヤゲ ニ」。

ト イヒマス。 大ぞイ ノ 人 タチ ハ

「コレ ハ メヅラシイ」。

ト イッテ、弟 ニ オ金 ヲ タクサン

クレマシタ。

（二）　七

兄ハウケヤウ
ト思ツテ、
コレヲ町ニ
持ツテイツテ、
弟ノ
思ツテ、
自分デ、弟ノ
キイテマシタ。
自分ノ
金ヲ
ニ

「モノイアカメ
モノイアカメ、
トニガ、ナイデ
ニヤンモ、カメモ
クサンモ、カメモ
ヨンテ、カメヲ
ヨシンヲ、カメモ
人ニ、カメヲ、
モノイアカメ、
ヨヨンヲ、
アルキマシタ。
モノイアカメ。
イハセマセウ。
イハセヨウヲ
アルキマシタ。
人ハアタマ
タイヘセウ。
來マシタ。
又人ガ
トツコデ
シマセウヲ
ヒツコマセデ、
タイツク
カメニ
人ガ
カメ
シマセタ。
ダメタ
ナコニ
オコニ
見テ
キタ人タチハ
タイツク
ナコニ

ツデ、

「コノ サツキ を」

ト イツデ、兄 ヲ サンザン ナグリツケニ

兄 ハ ナツト ノ コト デ ニゲデ カニ

ヘリマシタ ガ ヘラ ヲ 立テデ、カメ

ヲ ウチコロシデ シマヒマシタ。

第 ハ 大ソウ カヘイサウ ニ 思ツデ、コ

ロ サレタ カメ ヲ 自分 ノ ニ ハ ノ

ス ミ ニ ウメデ 上 ニ ツカ ヲ ツク

ツデ、朝 ヘ ン 花 ヲ ン ナ ヘ ヤ リ マ ニ

シタ。スルト アル 日、木 ガ ン ヘ ツ カ ノ

コ ン ナ カ ラ 木 ガ 一本 ハ エ マ シ タ。

天 マ デ ト ド キ サ ウ ナ 大木 ニ ナ リ マ ニ

シタ。サウ シデ ン ノ エダ カラ、キ ン ク ワ

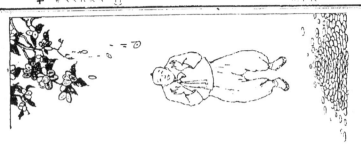

ヤキモチヲ
ワカシマシタ。
ヒルモヨルモフニ
兄ハ弟ガタイソウナ金持ニナ
ツタノヲウラヤンデ弟ノトコロ

モモヲ一本
自分ノ木ノエダニハニ
キテ、ツテカラタ。
スルトナヘリマシタ。
兄ハコノ大木ノ下ガ
見ル見ル大木ニ
大木モヲレルホド、ボガ
「サ、今ニエダモヲレルホド、キニ」

コレハ ナカノ ヨイ キャウダイ ガ、
イツシニ、タイヘン ナカノ ヨイ キャウダイ ガ、
アリマシタ。
アル トキ、ニイサンガ、
ビャウキニ ナツテ、
ネテ キルト、オトウトハ、
ミマ セン。 トナリニ ニキ、
オトウトハ モ 家 モ ク メ ニ
デ、シマスヒマ シタ。

兄ハ 青ク ナツテ、弟ノ クチヘ、
ニ ケテ イキマ シタ。
家 弟ハ、キノドクニ 思ツテ、アタラシク、
ヲ タテテ、兄ヲ アンラクニ クラ＝
皆サン ハ、コレニ ヨク ニタ シデス。
シ ヲ 知ツテ キルデ セウ。 弟ハ、朝鮮ノ ムカシバナシ デス。

サンジュツ

モクロク

I

[トナヘカタ]

ツギ ノ カズ ハ ナニ ホド カ.

(1) ツギ ノ カズ ヲ スウジ ニ カケ.

(2) [スウジ ノ ヨミカタ]
[カズ ノ カキカタ]

ツギ ノ スウジ ヲ ヨメ.

100	102	111	199
200	207	213	298
300	305	324	396
400	410	432	499
700	730	800	875
900	905	975	1000

(3) ツギ ノ カズ ヲ スウジ デ カケ.

百三　　　百十二　　　二百九
二百十　　三百九　　　三百四十八
四百二十五　六百　　　七百十七
七百二十三　八百六十四　九百八十二

[フクシフ・ソノ 一]

(1)

91+1=　　　83+5=　　　54+2=

(2)

24＋5＝　93＋4＝　82＋3＝
21＋8＝　42＋7＝　52＋6＝

85－3＝　98－2＝　99－1＝
77－6＝　26－5＝　78－4＝
29－8＝　48－7＝　30－7＝

(3)

68＋3＝　78＋2＝　89＋1＝
38＋6＝　49＋5＝　58＋1＝
88＋9＝　18＋8＝　20＋7＝

(4)

70－3＝　81－2＝　90－1＝
91－9＝　51－5＝　61－1＝
40－6＝　21－8＝　94－7＝

(5)

43＋34＝　62＋26＝　81＋18＝
21＋72＝　23＋52＝　42＋14＝
17＋21＝　26＋22＝　16＋31＝

(6)

29－18＝　57－25＝　76－33＝
69－54＝　88－62＝　97－61＝
98－71＝　83－12＝　94－31＝

(7)

89＋1＝　68＋13＝　17＋58＝
15＋38＝　16＋18＝　24＋17＝
18＋68＝　14＋39＝

(8)

21－2＝　43－1＝　20－1＝
30－23＝　62－36＝　82－58＝
86－18＝　76－7＝　65－6＝

II

[カタカナ ノ九九]

ツギ ノ カタカナ ノ九九 ヲ ヨメ。

ニ ノ ダン

マデ ヨメ。

二ノダン
二二ガ四　二三ガ六　三三ガ四
二五十　二六十二　二五十六
二四ガ八　二九十八　二八十六

三ノダン
三四ガ八　三三ガ六
三七十四　三六十二
三五十五　三七二十一
三八二十四　三九二十七

四ノダン
四四十六
四六二十四　四五二十
四九三十六　四八二十二

五ノダン
五五二十五
五七三十五　五六三十
五九四十五　五八四十

六ノダン
六六三十六
六八四十八　六七四十二
六九五十四

七ノダン
七七四十九
七九六十三　七八五十六
七七四十九

八ノダン
八八六十四

九ノダン
九九八十一

一ノダン
一一ガ一　一二ガ二　一三ガ三
一四ガ四　一五ガ五　一六ガ六
一七ガ七　一八ガ八　一九ガ九

[フクシフ、ソノ 三]

(1)

90×2=　40×3=　60×4=
70×5=　80×6=　40×7=
60×7=　30×8=　50×8=

(2)

13×2=　32×3=　22×3=
21×4=　27×2=　11×8=

(3)

$16=2\times$ $\qquad$ $18=3\times$ $\qquad$ $20=4\times$

$32=4\times$ $\qquad$ $35=5\times$ $\qquad$ $42=$ $\times$**6**

$54=$ $\times$**7** $\qquad$ $48=$ $\times$**8** $\qquad$ $27=$ $\times$**9**

(4)

$100=20\times$ $\qquad$ $150=30\times$ $\qquad$ $200=40\times$

$250=50\times$ $\qquad$ $480=60\times$ $\qquad$ $560=70\times$

$400=80\times$ $\qquad$ $450=90\times$ $\qquad$ $720=90\times$

(5)

$120=$ $\times$**2** $\qquad$ $150=$ $\times$**3** $\qquad$ $240=$ $\times$**4**

$350=$ $\times$**7** $\qquad$ $480=$ $\times$**8** $\qquad$ $630=$ $\times$**9**

III

[フクシュウ 三]

(1)

$16\div2=$ $\qquad$ $18\div3=$ $\qquad$ $24\div4$

$35\div5=$ $\qquad$ $36\div6=$ $\qquad$ $49\div7$

$63\div7=$ $\qquad$ $48\div8=$ $\qquad$ $72\div9=$

(2)

$13\div2=$ $\qquad$ $17\div2=$ $\qquad$ $18\div5=$

$32\div5=$ $\qquad$ $19\div6=$ $\qquad$ $32\div6=$

$28\div9=$ $\qquad$ $17\div3=$ $\qquad$ $33\div4=$

$18\div7=$ $\qquad$ $53\div7=$ $\qquad$ $46\div8=$

(3)

$70\div10=$ $\qquad$ $700\div10=$ $\qquad$ $970\div10=$

$800\div100=$ $\qquad$ $1000\div10=$ $\qquad$ $1000\div100=$

(4)

$140\div2=$ $\qquad$ $240\div3=$ $\qquad$ $320\div4=$

$400\div5=$ $\qquad$ $360\div6=$ $\qquad$ $640\div8=$

$810\div9=$ $\qquad$ $800\div1=$ $\qquad$ $1000\div5=$

(5)

$39\div3=$ $\qquad$ $42\div2=$ $\qquad$ $66\div2=$

$74\div2=$ $\qquad$ $58\div2=$ $\qquad$ $460\div2=$

$333\div3=$ $\qquad$ $602\div2=$ $\qquad$ $484\div4=$

8

大正九年十月二十八日印刷
大正九年十月三十日發行

定價金八錢

朝鮮總督府

庶務部印刷所

普通學校補充讀本　　卷三

緒言

一、本書ハ尋常小學校第三學年ノ補充教科書トシテ編纂セルモノナリ。

二、本書ニハ朝鮮ニ關スル材料ヲ主トシテ探録セリ。但シ朝鮮ニ關セザル事項ニテモ教育上特ニ有效ト認メタルモノハ亦之ヲ探録セリ。

三、修身ノ補充教材ハ之ヲ尋常小學修身書卷三、國語ノ補充教材ハ之ヲ尋常小學國語讀本卷五六ト連絡スベキヤウ其ノ箇所ヲ指定セリ。然レドモ教授ノ都合ニ依リテハ便宜之ヲ變更スルモ可ナリ。

朝鮮ノ連絡シテ鮮ニ準シ、補充教材ハ尋常小學第三學年算術ヲ擧ゲタリ。向之ニ準シ何レニ準シ生

四　算術ノ事物ノ計算ニ關スル應用問題若干ヲ課スヘシ

　　土地ノ事情ニ應ジテ必要ノ問題ヲ課スヘシ

五　本書ハ難解ト思ヘル、點ニツキ豫メ説明ヲ與ヘ成ルヘク生徒ヲシテ之ヲ自習セシムヘシ

大正十年九月

朝鮮總督府

修　身

第一　助け合ひ

犬にほえられて太郎が
わるいところへ
童が泣きながら犬に
福童行けれて通りにかゝりました犬を
机れて通りにとんでまして福
童は逃げ追つてよろこんで

くかく～りました。
それからいく日かた
つて太郎がおとうさんの
いひつけでよそのうちへ
～おつかひに行きました
たが、そのうちがわからな
いので、こまつて居ました。
～するともちや～

隣童が遊んで居て

て行つてくれました。
ほかのところへも～
のこと～くれました。
よ～に一しよに
～と～もて居ます。

第二　始政記念日

十月一日は朝鮮の始政記念日で役所も學
校もやすみです。どこのうちでも國旗を
かかげて居ますが、

朝鮮はもと韓國といひましたが明治四十

三年八月二十九日に、日本國にあはせられまして、さうして京城に朝鮮總督府をおきまして、十月一日に、ここに朝鮮を治める政治が始まりました。

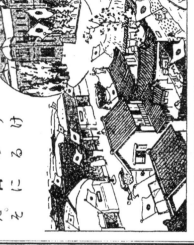

これより、この日を始政記念日とさだめられました。それからこのかた、朝鮮はだんだん開けて、農業や工業や商業がだんだんさかんになり、鐵道が方々にできて、多くの學校ができて、だんだんひらけてきました。朝鮮にすんで居るものは、みんな心を一つにして……

朝鮮がひらけて行くやうに、力をつくさなければなりません。始政記念日をいはひ、これにつれて……。

第三　力を合はせよ

此の間の雨で大水が出て、橋がおちたので、橋が通るに、人人が大ぜい出て、これで今人人が大水でながれた橋をかけようとして、生徒もまじつて居ます。

今居る生徒は學校から出て來て居るのです。手つだつて居る生徒もみんないて居ます。學校はやすんで居るからです。日をあげるとしてはたらいて居ます。みんな一生けんめいにはたらいて居ます。

橋がこはれてしまつて、わたつてゆくことができません。

この人たちはちから力を合せて、この人々のために、ちから力をあはせます。

一　木うゑ

私どもの學校では毎年木うゑをします。今年も今日木うゑをしました。

私どもはたくさんあなをほりました。それに一本づゝ松や杉をうゑ、根もとをよくふみかためましたね。

先生も土をかけなどの苗をよくうゑましたね。

みれをあなにうめながして、ほりましたど。

一　木うゑ

1

なをたくさんうゑました。
めいめいが大きいのをあらそつて居
ほらをほつてゐた。
おまけにほりあげたり
でました。
木はつて、私は高く
何年も前に、去年よりも
いつまでものの
ます。

ます。
先生は私どもにむかつて、
「大東亞でも、この山も、けれから何十年も
たつたら、木はどれもこれもみんな大きくなるだらう。
今日私どもはみんなで居ます。
小學校でも、今年も年も木を青くなつた
木をうゑる。今日は朝鮮おくにらに
来ます。ことに
朝鮮
後で喜こんで
私どもはあんなに居ます。
今日は木らをこの朝鮮
大きくなるだらう
よくそだつて
いとみ

れ出した。
水がかれるとき、もとのところにもどると、この大水に大水になるとせう。皆さんがおとなになるとき、木をうゑて、よい世の話となりました。

くさ林がうらうらになって、世のためになる木になることです。

二　すきものをのみこむこと

「さうです。」といひました。
「だしろはほんたうでしたね。」
此のすきものをのみこむといひました。
聞いたことは、中々えらいおすきものの方に強いおすきもの、中々えらいおすきものに、其の出てになったこと。
お話しすきもの方で、話しするすきものをのみこむことがあるさうです。
話はすきものをのみこむことは朝鮮です。
下さいますことやは朝鮮です。

「くるともお出くるも」

さんは其のお話を昨日先生から聞か
せてつただきました。
「どうかそれを話して下さい。」
「すさのをのみことはそのお子さんと――し
らの國内へ新羅いらつしやいました。その國に
は船がなくて、船をおつくりにおなりになつて、朝鮮へお
わたりになつたといふことがあるさうです。それから地と朝鮮との間の海か
ら……

……の木やその……すぎの木や、たくさんの内地には……の木の
種子をとつて、それを内地にまいて、青青としげつて、
色色の木の種の……入用の木になりました。外に
行つてもこの木が……いことです。

三　わたくしの内地のおまる……こから生れた王……

ら、これを海へながしてみましたが、すてることも出来ぬので、これを箱に入れて泣く〳〵、大きな箱に入れて、人たちだけでだまいました。其れで、いつも美しやりました。其の箱はいく度も日がくれて、夜が明けて

ら、朝鮮の海べにつきました。これを見つけた人々はふしぎに思ひました。其の中に一人のおばあさんが、何と思つて、ふたをあけて

すると、中に美しいかがやく玉があつて、
生れて居ました。此の子を
だいて大きに喜んで、大切に
そだてました。此の子は大きく
力が強く、顔もうつくしく、
後には出世して
新羅の王になつたといふことです。

かはいらしく見まし た。
うつくしい男の子があつて、此の子は大きく
くれた。

此の人の家來に弧公（ここう）といふ人が
ありましたといふことです。
これは朝鮮のふるい話です。

やつて内地の海をわたつて來たので、
内地の人で大きなことが
書物にかいてある

四　金剛山（きんがうさん）

近ごろ金剛山はずつとむかしから廣く世の中に名高い高い山ですが、世の中に知られて來ました。

金剛山には景色(けしき)のよい所が多くあります。その中にも萬物相(ばんぶつさう)と九龍淵(くりゆうえん)とがすぐれて居ます。萬物相は岩(いは)が高く

〜天に柱(はしら)のやうにそびえて立つて居るのもあれば、人にたとへられるものもあります。又、けもののやうに立つて居るものもあれば、のこぎりのやうにさけたのもあれば、萬物のながめながら萬物のながめは

して
は、しまえら
に何百尺かけて
からしらひおちて
居ます。
九龍瀑はけて來ます。
其の淵が、
これが九龍淵で
す。

白みも見えますが、其の中で長安寺は
金剛山にある名所です。

龍が、こことに有る
やらこと
だやらおこのです
を長い淵にして
ひをたくさん
をぬきつこと
をぬきつとに
大きな寺も
長安寺
金剛山にはありますが、其の
名所です。

五　市場

市場に色々な品物を賣つて居る人があります。こらりなどを賣つて居る人もありますが、きうめつます。こらりなや米や麥や大豆や小豆などを賣つて居る人も、るみなどを賣つて居る人もありますや。此肉形を賣つて居る人もあります。魚を賣つて居る人も。此の人たちは方々から品物を持つて市に

出て來たのです。中に八九里から來て居る人もあるとこもあります。か買つて人がす。もう品物を買つた人も大勢來て品物を買つて居ます。今市場へ來る人もあるかへる人も品物を

市場は毎日五度又は六度ひらかれるところもあります。この市は毎月一・六の日——一日・十六日・二十一日・二十六日——にひらかれます。二・七の日又は三・八の日にひらかれる市もあります。又春と秋にはほかに……ます。大きいところでは、一月に五度又は六度もひらかれるところもあります。

十日もひらかれる大市もあります。この市場には店といふものがなく、大きな品物は市場でだんだん売買して、方々にひらかれる大市もあります。朝鮮では、昔は朝鮮の品物を、近頃は店でも市は、内地にも昔は市場がおもな地に大きな店がだんだん……昔は市場があったものです。朝鮮ではもれます。近頃は店でもれます。内地にも昔は市場が来たものでした。朝鮮でも、もれるものがなかったものです。

ありました。その八日市をどといふ地名が今でものこつてゐます。それで五日市・四日市・八日市などといふ地名が今でものこつてゐます。

六　巴提便

昔、巴提便といふ人が天子さまのお任せをうけて朝鮮へ使にまゐりました。妻と子があとをしたつて來ましたので、巴提便はつひにこれをつれてまゐる

りました。

ある日、大とどまりました。子どもは家の外へ遊びに出ましたが、どこからか虎が出て來るといふので、海べの家にとまりました。するとそのまに雪がふりましたので、

巴提便がしんぱいしていつて見ますと、少しの間は雪の上に子どもの家の外へ遊びに出ましたが、家のあたりをたつて見ますと、少しの間は雪の上に子どものあしあとがありましたが、雪が少しの間は子どもがゐません。

の足あとがあります。それから大きな犬の足あとのやうなのが、子どもの足あとと人の足あとのみだれてありました。さうして後には、子どもの足あとばかりになりました。巴提便は、まて鹿にくはれたのかと、刀をぬいて右の手にもちながら、其の足あとをつけて行きました。

足あとはだんだん山の方へつゞいてゐます。巴提便はこゝらうとして行きました。ついに穴のある所へ行きました。鹿が穴の中に大きな目を光らして居ました。子どもも

らく、はれてしまつたのです。

虎(とら)は巴提便を見ると、大きな口をあけて、とびかゝつて来ました。

巴提便は、おのれ我が子のかたきと、左の手で虎のしたをつかみ、右の手の刀をふりあげて、虎のしたをさしとほしました。

巴提便は虎のかはをはぎとつて持ちかへり、天子さまにたてまつりました。

七　奈良(なら)ノ大佛(だいぶつ)ト恩津(おんづ)ノ彌勒佛(みろくぶつ)

今(コン)忠雄(タダヲ)ト文吉(ブンキチ)ハ、奈良(ナラ)ノ大佛(ダイブツ)ヲモ見(ミ)ヤウト、恩津(オンヅ)ノ彌勒佛(ミロクブツ)ノ話(ハナシ)ヲシテ居(ヰ)ル。

文吉(ブンキチ)サン、奈良(ナラ)ノ大佛(ダイブツ)ハ身(ミ)ノ丈(タケ)ガドレホドアルカワカリマスカ。奈良(ナラ)ノ大佛(ダイブツ)ハ坐(ザ)

五

其ノ佛像ガ高イコトハ、我ガ國ニハ、何レモ知レ渡ツテ居リマス。朝鮮ノ恩津佛ト云フ彌勒佛モ、ナカナカ高イ佛デス。其ノ高サハ、高イ方デ、高サ五丈五尺アリマス。高サ五丈三尺五寸アリマス。

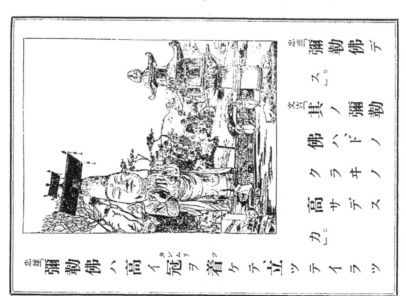

彌勒佛ハ、高イ冠ヲ着ケテ立ツテイラツシヤイマス。其ノ彌勒佛デ、其ノ彌勒ハ高サ五丈五尺アリマス。

忠雄「奈良ノ大佛ハ金佛デスカ。石造ノ大佛デスカ。」

文蔵「金佛デス。」

忠雄「佛ニハ金佛モアリ、石佛モアル。奈良ノ大佛ハ金佛デス、思津ノ彌勒佛ハ石佛デス。」

文蔵「奈良ノ大佛ハ高イ佛像デスガ、其ノ高サハ六丈七寸アル。彌勒佛モ高イ佛像デス。」

忠雄「ナルホドサウデスネ。」

文蔵「奈良ノ大佛ハ今カラ千二百年程前ニ出來タモノダサウデス。」

忠雄「彌勒佛ハ奈良ノ大佛ヨリ、ハ二百年モ後ノモノダサウデス。其ノ……」

八　動物園

私ハ内地ノ動物園ニ居タトキ、鶴ヲ見マシタ。其ノ鶴ハイツモレテ居タトキ……

鶴（ツル）

鶴ハ頭ノ上ガ赤ク美シク、丹頂（タンチャウ）ト云フ。頭ハ白デ、色美シイ鳥ダト思ヒマス。

鶴ハ千年モ長生スル鳥ダト云ツテ、我ガ國ニ居ルコトモアル。

又鶴ノ形ハ、紙ニ紋ヲ折ル所モアリマス。

鶴ハ野原ヤ田地ニ下リテ居ル鳥デ、遊ブコトモアル。

私ハ鶴ヲ見タコトガナイガ、人ニ聞キマシタ。朝鮮ニ來テ居ル鶴ヲ見タト云フ。

私ハ鶴ヲ見タイト思ツテ居リマス。折ニ田地ニ下リテ居ル鶴ヲ折ツテ見タイト思ヒマス。

高クイテ、書イニエルデス。羽ヲヒロゲテ、空ニ舞ッテ居ルトコロハ、居ルトコロヤ、サガシテ居ルトコロデス。

ホ鶴ハ今ガ、鶴ガ來タサイフコトデス。サウシテ居ルデス。來マス。北ノ方ヘ行クマス。鶴ガ來タ方ヘカヘリマス。

昔ハ夏ニナルト、内地ニモ來ルトキハ北ノ南ノ方ヘ來リマス。

春ニナルト、秋ニナルト南ノ方ヘ北ヘカヘリマス。

朝、人ガスデス。間デスガ、保護サレテ居ルデス。春ノ間ハヨクヒトサレテ居ルデス。少ナイ鳥ハ、秋カラ春ヘト來タ少ナクナッタケレドモ、サ〳〵少ナク、頂ノ鶴ノ丹頂鶴ヲサイナイヤウニシテ、コンナイヤウニシテ、昔ハタクサンイタケレドモ、鮮ニ今デハ居マス。カラトルコトハ、スガ居リマセシ。

九　漢字の練習

一、つぎの漢字の中で「きへん(木)」のついた字を讀んでごらんなさい。

「てへん(扌)」のついた字を讀んでごらんなさい。

「さんずゐへん(氵)」のついた字を讀んでごらんなさい。

「にんべん(亻)」のついた字を讀んでごらんなさい。

なさい。

「しんねう(辶)」のついた字を讀んでごらんなさい。

机	價	拾	河	村	辻	便	海
	松	低	送	持	酒	何	道

二、「きへん」のついた字を知って居るだけお書きなさい。

「てん」のついた字を知って居るだけお書きなさい。

「さんずるへん」のついた字を知って居るだけお書きなさい。

「にんべん」のついた字を知って居るだけお書きなさい。

「しんねう」のついた字を知って居るだけお書きなさい。

三、つぎの漢字の中で「たけかんむり(竹)のついた字をお讀みなさい。

「くさかんむり(艸)のついた字をお讀みなさい。

「うかんむり(宀)のついた字をお讀みなさい。

「あめかんむり(雨)のついた字をお讀みなさい。

<table>
花　宮　雲　家　草　箱
電　筆　薪　室　等　答
</table>

四、「たけかんむり」のついた字を知つて居る
だけお書きなさい。

「くさかんむり」のついた字を知つて居る
だけお書きなさい。

「うかんむり」のついた字を知つて居るだ

けお書きなさい。

「あめかんむり」のついた字を知つて居る
だけお書きなさい。

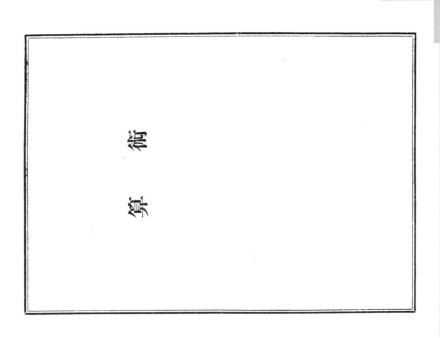

算　術

目　録

I

加法及ビ減法

II

乘法及ビ除法

III

乘法及ビ除法

Ⅰ

加法及ビ減法

應用問題（應用問題其ノ三ニツキ）

（１）尋常小學第三學年ノ敎科書代ハ、ニ
シテイクラカ。

尋常小學修身書卷三　　　　　　錢
尋常國語讀本卷五　　　　　　　錢
同上　　卷六　　　　　　　　　錢
（尋）書キ方手本第三學年用上　錢
同上　　　　　　　　　　下　　錢
尋常小學算術畫本第三學年用　　錢
尋常小學新定畫帖第三學年用　　錢

（２）此ノ學校ノ組合ノ内地人ハ、男ガ何
人デ、女ガ　　　　人デアル。合ハセテ何
人カ。
男ト女トクラベレバ、ドチラガ何ホド多
イカ。

（３）此ノ學校ノ尋常科第一學年生ハ　　
人、第三學年生ハ

人デアル。合ハセテ何人カ。
此ノ學校ノ尋常科第四學年生ハ　　　人、
第五學年生ハ　　　人デアル。合ハセテ何
人デアル。合ハセテ何人カ。
此ノ學校ノ尋常科第六學年生ハ　　人カ。

此ノ學校ノ尋常科女生徒ハ　　　人デア
ル。男生徒ハ　　何人カ。
第三學年生ハ第一二四五六學年生ニク
ラベレバ,何ホド多イカ.又ハ少ナイカ.
（４）學校林ニ,ハジメノ年ニ木ヲ二百三
十本,ツギノ年ニ三百五十本,又ノ年ノツギ
年ニ四百二十本ウエタ。ミンナデ何本ウ
エタカ。
此ノ内,百七十三本カレタナラバ,今ヲ何
ギキルハ　何本カ。
（５）内地第一ノ高イ山ハ富士山デアル。
高サガ一萬二千四百七十尺デアル。朝鮮
第一ノ高イ山ハ白頭山デ,其ノ高サガ九千
五十五尺デアル。白頭山ハ富士山ヨリ何

ホド低イカ。

(6) 内地第一ノ長イ川ハ信濃川デ、九千
四里アル。朝鮮第一ノ長イ川ハ鴨緑江デ、
二百一里アル。鴨緑江ハ信濃川ヨリ何ホ
ド長イカ。

Ⅱ

乗法及ビ除法

應用問題(應用問題其ノ七ツギ)

(1) 絹紬ノ一尺ノ代ガ五十五錢ナラバ、三
丈五尺ノ代ハ何ホドカ。

(2) 米一叺ハ五斗入デアル。十五叺ハ
何石何斗カ。

(3) 朝鮮デ米ノ一叺ノ代ガ十二圓デアッタ、其ノ
一升ノ代ガ六十二錢デアッタ。其ノ一叺ハ
三斗五升ノ代ハイクラデアッタカ。
タ、今ノ代ハイクラニスルト、イクラニナルトデ
米ノ二斗五升ハ何ホドニツキホドガアル
ベハ二斗五升ハ何ホドニツキホドガアル

カ。

(4) 朝鮮雞ノ卵ガ五箇デ三十一錢五厘
ナラバ、一箇イクラカ。

Ⅲ

乗法及ビ除法

應用問題(應用問題其ノ九ノツギ)

(1) 朝鮮デハ米一叺ガ五斗入ルトスルト、其ノ
二石三斗三升五合ナルベハ、イクツ叺ニ
ナルカ何ホドデアルカ。
五右二斗ハイクツ叺ト其ノ何叺ト何ホ
ドアルカ。

(2) 絹紬三丈五尺ノ代ハ拾九圓二十五
錢デアル。一尺ノ代ハ何ホドカ。

(3) 米一叺ノ代十三圓五十錢ナラバ、一升
ノ代ハイクラカ。

尋常小學補充

定價金十二錢

大正十年十一月十三日印刷
大正十年十一月十五日發行

朝鮮總督府

總務部印刷所印刷

저자 약력

▌김 광 식

한양대학교대학원 일어일문학과 석사졸업. 도쿄학예대학 대학원 사회과교육 박사(학술). 현 숭실대학교 동아시아언어문화연구소 전임연구원.

단독저서: 『植民地期における日本語朝鮮説話集の研究 −帝国日本の「学知」と朝鮮民俗学』(일본)

공저: 『第二次大戦中および占領期の民族学・文化人類学』, 『現代リスク社会にどう向きあうか』, 『植民地朝鮮と帝国日本』(일본)

논문: 「일본 문부성과 조선총독부 학무국의 구비문학 조사와 그 활용」(연민학지20), 「손진태의 비교설화론 고찰」(근대서지5), 「植民地期朝鮮における 説話の再話」(昔話伝説研究33), 「1920年代前後における日韓比較説話学の展開」(比較民俗研究28), 「孫晋泰の東アジア民間説話論の可能性」(説話文学研究48), 「帝国日本における「日本」説話集の中の朝鮮と台湾の位置付け」(日本植民地研究25)(일본)

편저: 『조선동화집』 등 식민지시기 일본어 조선설화집자료 총서

▌이 시 준

한국외국어대학교 일본어과 및 동대학원 석사졸업. 도쿄대학 대학원 총합문화연구과 박사(일본설화문학). 현 숭실대학교 일어일본학과 교수. 숭실대학교 동아시아언어문화연구소 소장.

단독저서: 『今昔物語集 本朝部の研究』(일본)

공저: 『古代中世の資料と文学』(일본), 『漢文文化圏の説話世界』(일본), 『東アジアの今昔物語集』(일본), 『説話から世界をどう解き明すのか』(일본), 『모노가타리에서 하이쿠까지』, 『스모남편과 벤토부인』, 『일본문학 속의 기독교』, 『일본문학 속의 여성』, 『일본인의 삶과 종교』, 『세계 속의 일본문학』, 『일본의 이해 −체험과 분석』, 『슬픈 일본과 공생의 상상력』

번역: 『일본불교사』, 『일본 설화문학의 세계』, 『아쿠타가와 류노스케 전집』(공역)

편저: 『암흑의 조선』 등 식민지시기 일본어 조선설화집자료 총서

신발굴 재조일본인 아동용 교과서
심상소학교 보충교본

초판인쇄 2016년 01월 15일
초판발행 2016년 01월 20일

편 역 김광식·이시준
발행인 윤석현
발행처 제이앤씨
등 록 제7-220호

주 소 서울시 도봉구 우이천로 353 성주빌딩 3F
전 화 (02) 992-3253 (대)
전 송 (02) 991-1285

전자우편 bakmunsa@daum.net
홈페이지 http://www.jncbms.co.kr
책임편집 김선은

ⓒ 김광식·이시준, 2016. Printed in KOREA.

ISBN 979-11-5917-001-0 93370   정가 14,000원